동백꽃

김유정

SR&B(새로본닷컴)

신윤복의 〈단오〉

〈베스트 논술 한국대표문학(전60권)〉을 펴내며

어린 시절의 독서는 평생의 이성과 열정을 보장해 줄 에너지의 탱크를 채우는 일입니다. 인생의 지표를 세울 수 있는 가장 믿을 만한 방법이기도 합니다.

새로 접하는 사물의 이치를 터득하려면 그 정보를 대뇌 속에 담는 프로그램이 마련되어 있어야 합니다. 그 프로그램을 구축하는 가장 효과적인 방법이 지속적인 독서입니다. 독서는 책과 나의 쌍방향적인 대화이며 만남이며 스킨십입니다.

그러나 단순한 독서만으로는 생각하는 힘과 정확히 표현하는 힘을 키울 수 없습니다. 〈베스트 논술 한국대표문학〉은 이에 유의하여 다음과 같이 편찬하였습니다.

① 초 · 중 · 고 교과서에 실린 고전 및 현대 문학 작품부터 〈삼국유사〉, 〈난중일기〉, 〈목민심서〉 등 우리의 정신을 일깨워 주고 우리에게 지혜와 용기를 준 '위대한 한국 고전'에 이르기까지 한 권 한 권을 가려 뽑았습니다.

② 각 권의 내용과 특성을 분석하여, '작가와 작품 스터디', '논술 가이드' 등을 덧붙여 생각하는 힘, 표현하는 힘을 키울 수 있도록 각 분야의 권위 학자, 논술 전문가들이 심혈을 기울였습니다.

③ 특히 현대 문학 부문은 최근 학계에서, 이 때까지의 오류를 바로잡아 정확한 텍스트를 확정한 것을 반영하였고, 고전 부문은 쉽고 아름다운 현대 국어로 재현하였습니다.

④ 각 작품에 관련된 작가의 고향을 비롯한 작품의 배경, 작품의 참고 자료 등을 일일이 답사 촬영하거나 수집 · 정리하여 화보로 꾸몄고, 각 작품의 갈피 갈피마다 아름다운 그림을 넣어, 작품에 좀더 친근감 있게 접근할 수 있도록 하였습니다.

이 〈베스트 논술 한국대표문학〉이 여러분이 '큰 사람', '슬기로운 사람'이 되는 데 충실한 밑거름이 되기를 바랍니다.

〈베스트 논술 한국대표문학〉 편찬위원회

30세의 젊은 나이로 세상을 떠난 김유정은 겨우 2년 남짓한 기간에 30여 편의 주옥 같은 작품을 남겼다.

춘천 공지천 조각 공원에 있는 김유정 문학비

김유정 문학비 뒷면에 새겨진 〈소낙비〉. 〈소낙비〉는 1935년 조선 일보 신춘 문예에 1등으로 당선된 김유정의 대표 작품이다.

김유정 문학촌 안에 있는, 김유정이 태어난 집

문맹 퇴치를 위해 금병 의숙을 세웠던
자리에 세운 김유정 기적비

춘천의 의암호 도로변에 세워진 김유정 문인비

김유정 역에 있는 김유정 문학비의 비문

김유정 기적비와 금병 의숙 터. 김유정은 고향에 내려가 금병 의숙이란 학당을 세워 야학을
통한 농촌 계몽 운동을 벌이면서 작가로서의 꿈을 키웠다.

김유정을 기려 이름붙여진 춘천의 김유정 역. 강원도 춘천시 신동면 증리 '신남역'이 2004년 12월 1일부터 전국에서 처음으로 인물 명칭을 딴 '김유정 역'으로 변경되었다.

김유정 문학촌 안에 있는 김유정 동상

김유정 역의 철길

김유정 역
안내 표지판

김유정 문학촌의 현판

김유정 문학촌 안내도

김유정 문학촌
안에 있는
김유정 유물 전시관

김유정 역 앞에 있는 김유정 문학촌의 정문

차례

동백꽃

동백꽃

오늘도 또 우리 수탉이 막 쫓기었다. 내가 점심을 먹고 나무를 하러 갈 양으로 나올 때이었다. 산으로 올라서려니까 등 뒤에서 푸드득 푸드득 하고 닭의 횃소리*가 야단이다. 깜짝 놀라서 고개를 돌려 보니 아니나 다르랴 두 놈이 또 얼리었다.

점순네 수탉(대강이가 크고 똑 오소리같이 실팍하게 생긴 놈)이 덩저리 작은 우리 수탉을 함부로 해내는 것이다. 그것도 그냥 해내는 것이 아니라 푸드득 하고 면두*를 쪼고 물러섰다가 좀 사이를 두고 또 푸드득 하고 모가지를 쪼았다.

이렇게 멋을 부려 가며 여지없이 닭아 놓는다. 그러면 이 못생긴 것은 쪼일 적마다 주둥이로 땅을 받으며 그 비명이 킥킥 할 뿐이다. 물론 미처 아물지도 않은 면두를 또 쪼이어 붉은 선혈이 뚝뚝 떨어진다.

이걸 가만히 내려다보자니 내 대강이가 터져서 피가 흐르는 것같이

---

* 횃소리 날짐승이 크게 날갯짓하면서 홰 막대기를 차고 오르며 내는 소리.
* 면두 볏.

두 눈에 불이 번쩍 난다. 대뜸 지게막대기를 메고 달려들어 점순네 닭을 후려칠까 하다가 생각을 고쳐먹고 헛매질로 떼어만 놓았다.

이번에도 점순이가 쌈을 붙여 났을 것이다. 바짝바짝 내 기를 올리느라고 그랬음에 틀림없을 것이다.

고놈의 계집애가 요새로 접어들어서 왜 나를 못 먹겠다고 고렇게 아르릉거리는지 모른다.

나흘 전 감자 쪼간만 하더라도 나는 저에게 조금도 잘못한 것은 없다. 계집애가 나물을 캐러 가면 갔지, 남 울타리 엮는데 쌩이질*을 하는 것은 다 뭐냐. 그것도 발소리를 죽여 가지고 등 뒤로 살며시 와서,

"얘! 너 혼자만 일하니?"

하고 긴치 않은 수작을 하는 것이다.

어제까지도 저와 나는 이야기도 잘 않고 서로 만나도 본척만척하고 이렇게 점잖게 지내던 터이련만, 오늘로 갑작스레 대견해졌음은 웬일인가. 항차* 망아지만한 계집애가 남 일하는 놈보구 ― .

"그럼 혼자 하지 떼루 하디?"

내가 이렇게 내배알는 소리를 하니까,

"너 일하기 좋니?"

또는,

"한여름이나 되거든 하지 벌써 울타리를 하니?"

잔소리를 두루 늘어놓다가 남이 들을까 봐 손으로 입을 틀어막고는 그 속에서 깔깔댄다.

별로 우스울 것도 없는데 날씨가 풀리더니 이놈의 계집애가 미쳤나 하고 의심하였다.

게다가 조금 뒤에는 저의 집께를 할끔할끔 돌아보더니 행주치마의

---

* 쌩이질 '씨앙이질'의 준말. 한창 바쁠 때 쓸데없는 일로 남을 귀찮게 구는 짓.
* 항차 하물며.

속으로 꼈던 바른손을 뽑아서 나의 턱 밑으로 불쑥 내미는 것이다. 언제 구웠는지 아직도 더운 김이 홱 끼치는 굵은 감자 세 개가 손에 뿌듯이 쥐였다.

"느집엔 이거 없지?"

하고 생색 있는 큰소리를 하고는 제가 준 것을 남이 알면 큰일날 테니 여기서 얼른 먹어 버리란다. 그리고 또 하는 소리가,

"너 봄감자가 맛있단다."

"난 감자 안 먹는다, 네나 먹어라."

나는 고개도 돌리려 하지 않고 일하던 손으로 그 감자를 도로 어깨너머로 쑥 밀어 버렸다. 그랬더니 그래도 가는 기색이 없고, 뿐만 아니라 쌔근쌔근하고 심상치 않게 숨소리가 점점 거칠어진다. 이건 또 뭐야 싶어서 그 때에야 비로소 돌아다보니 나는 참으로 놀랐다. 우리가 이 동네에 들어온 것은 근 삼 년째 되어 오지만 여지껏 가무잡잡한 점순이의 얼굴이 이렇게까지 홍당무처럼 새빨개진 법이 없었다. 게다, 눈에 독을 올리고 한참 나를 요렇게 쏘아보더니 나중에는 눈물까지 어리는 것이 아니냐. 그리고 바구니를 다시 집어 들더니 이를 꼭 악물고는 엎어질 듯 자빠질 듯 논둑으로 힁하게 달아나는 것이다.

어쩌다 동네 어른이,

"너 얼른 시집을 가야지?"

하고 웃으면,

"염려 마세유. 갈 때 되면 어련히 갈라구……."

이렇게 천연덕스레 받는 점순이었다. 본시 부끄러움을 타는 계집애도 아니거니와 또한 분하다고 눈에 눈물을 보일 얼병이*도 아니다. 분하면 차라리 나의 등허리를 바구니로 한 번 모지게 후려때리고 달아날

---

* 얼병이 얼간이.

지언정. 그런데 고약한 그 꼴을 하고 가더니 그 뒤로는 나를 보면 잡아 먹으려고 기를 복복 쓰는 것이다.

설혹 주는 감자를 안 받아 먹은 것이 실례라 하면, 주면 그냥 주었지 '느집엔 이거 없지?' 는 다 뭐냐. 그러잖아도 저희는 마름이고 우리는 그 손에서 배재를 얻어 땅을 부치므로 일상 굽실거린다.

우리가 이 마을에 처음 들어와 집이 없어서 곤란으로 지낼 제, 집터를 빌리고 그 위에 집을 또 짓도록 마련해 준 것도 점순네의 호의였다. 그리고 우리 어머니 아버지도 농사 때 양식이 딸리면 점순네한테 가서 부지런히 꾸어다 먹으면서 인품 그런 집은 다시 없으리라고 침이 마르도록 칭찬하곤 하는 것이다.

그러면서도 열일곱씩이나 된 것들이 수군수군하고 붙어 다니면 동네의 소문이 사납다고 주의를 시켜 준 것도 또 어머니였다. 왜냐 하면, 내가 점순이하고 일을 저질렀다가는 점순네가 노할 것이고, 그러면 우리는 땅도 떨어지고 집도 내쫓기고 하지 않으면 안 되는 까닭이었다. 그런데 이놈의 계집애가 까닭없이 기를 복복 쓰며 나를 말려 죽이려고 드는 것이다.

눈물을 흘리고 간 그담 날 저녁 나절이었다. 나무를 한짐 잔뜩 지고 산을 내려오려니까 어디서 닭이 죽는 소리를 친다. 이거 뉘집에서 닭을 잡나, 하고 점순네 울 뒤로 돌아오다가 나는 고만 두 눈이 뚱그레졌다. 점순이가 저희 집 봉당에 홀로 걸터앉았는데, 아 이게 치마 앞에다 우리 씨암탉을 꼭 붙들어 놓고는,

"이놈의 닭! 죽어라, 죽어라."

요렇게 암팡스레* 패 주는 것이 아닌가. 그것도 대가리나 치면 모른다마는 아주 알도 못 낳으라고 그 볼기짝께를 주먹으로 콕콕 쥐어박는

＊ 암팡스레 보기에 당차고 강단이 있게.

것이다.

나는 눈에 쌍심지가 오르고 사지가 부르르 떨렸으나, 사방을 한 번 휘돌아보고야 그제서 점순이 집에 아무도 없음을 알았다. 잡은참 지게 막대기를 들어 울타리의 중턱을 후려치며,

"이놈의 계집애! 남의 닭 알 못 낳으라구 그러니?"
하고 소리를 빽 질렀다.

그러나 점순이는 조금도 놀라는 기색이 없고 그대로 의젓이 앉아서 제 닭 가지고 하듯이 또 죽어라 죽어라 하고 패는 것이다. 이걸 보면 내가 산에서 내려올 때를 겨냥해 가지고 미리부터 닭을 잡아 가지고 있다가 네 보란 듯이 내 앞에 쥐지르고 있음이 확실하다.

그러나 나는 그렇다고 남의 집에 뛰어들어가 계집애하고 싸울 수도 없는 노릇이고 형편이 썩 불리함을 알았다. 그래 닭이 맞을 적마다 지게막대기로 울타리를 후려칠 수밖에 별도리가 없다. 왜냐 하면, 울타리를 치면 칠수록 울섶이 물러앉으며 뼈대만 남기 때문이다. 허나 아무리 생각하여도 나만 밑지는 노릇이다.

"아, 이년아! 남의 닭 아주 죽일 터이냐?"

내가 도끼눈을 뜨고 다시 꽥 호령을 하니까 그제서야 울타리께로 쪼르르 오더니 밖에 섰는 나의 머리를 겨누고 닭을 내팽개친다.

"에이 더럽다! 더럽다!"

"더러운 걸 널더러 입때 끼고 있으랬니? 망할 계집애년 같으니."
하고 나도 더럽단 듯이 울타리께를 횡하니 돌아내리며 약이 오를 대로 다 올랐다라고 하는 것은, 암탉이 풍기는 서슬*에 나의 이마빼기에다 물찌똥을 찍 갈겼는데 그걸 본다면 알집만 터졌을 뿐 아니라 골병은 단단히 든 듯싶다.

---

* 서슬 날카로운 기세.

그리고 나의 등 뒤를 향하여 나에게만 들릴 듯 말 듯한 음성으로,

"이 바보 녀석아!"

"얘! 너 배냇병신*이지?"

그만도 좋으련만,

"얘, 너 느 아버지가 고자라지?"

"뭐? 울아버지가 그래 고자야?"

할 양으로 열벙거지가 나서 고개를 홱 돌아 바라봤더니, 그 때까지 울타리 위로 나와 있어야 할 점순이의 대가리가 어디 갔는지 보이지가 않는다. 그러나 돌아서서 오자면 아까에 한 욕을 울 밖으로 또 퍼붓는 것이다. 욕을 이토록 먹어 가면서도 대거리* 한 마디 못 하는 걸 생각하니 돌부리에 채어 발톱 밑이 터지는 것도 모를 만치 분하고, 급기야는 두 눈에 눈물까지 불끈 내솟는다.

그러나 점순이의 침해는 이것뿐이 아니다. 사람들이 없으면 틈틈이 제 집 수탉을 몰고 와서 우리 수탉과 쌈을 붙여 놓는다. 제 집 수탉은 썩 험상궂게 생기고 쌈이라면 회를 치는 고로* 으레 이길 것을 알기 때문이다. 그래서 툭하면 우리 수탉의 면두며 눈깔이 피로 흐드르하게 되도록 해놓는다. 어떤 때에는 우리 수탉이 나오지를 않으니까 요놈의 계집애가 모이를 쥐고 와서 꾀어 내다가 쌈을 붙인다. 이렇게 되면 나도 다른 배차를 차리지* 않을 수 없었다. 하루는 우리 수탉을 붙들어 가지고 넌지시 장독께로 갔다. 쌈닭에게 고추장을 먹이면 병든 황소가 살모사를 먹고 용을 쓰는 것처럼 기운이 뻗친다 한다. 장독에서 고추장 한 접시를 떠서 닭 주둥아리께로 들이밀고 먹여 보았다. 닭도 고추장에 맛을 들였는지 거스르지 않고 거진 반 접시 턱이나 곧잘 먹는다.

---

* 배냇병신 태어날 때부터의 병신.
* 대거리 대들면서 하는 말이나 그 행동.
* 회를 치는 고로 아주 능숙한 까닭에.
* 배차를 차리다 계획을 세우다.

그리고 먹고 금세는 용을 못 쓸 터이므로 얼마쯤 기운이 돌도록 홰*
속에다 가두어 두었다.

밭에 두엄을 두어 짐 져내고 나서 쉴 참에 그 닭을 안고 밖으로 나왔
다. 마침 밖에는 아무도 없고 점순이만 저희 울 안에서 헌 옷을 뜯는지
혹은 헌 솜을 터는지 옹크리고 앉아서 일을 할 뿐이다.

---

* 홰 새장이나 닭장 속에 새나 닭이 앉을 수 있게 가로질러 놓은 막대기.

나는 점순네 수탉이 노는 밭으로 가서 닭을 내려놓고 가만히 맥을 보았다*. 두 닭은 여전히 얼리어 쌈을 하는데 처음에는 아무 보람이 없다. 멋지게 쪼는 바람에 우리 닭은 또 피를 흘리고 그러면서도 날갯죽지만 푸드덕 푸드덕 하고 올라뛰고 뛰고 할 뿐으로 제법 한 번 쪼아 보지도 못한다. 그러나 한 번은 어쩐 일인지 용을 쓰고 펄쩍 뛰더니 발톱으로 눈을 하비고* 내려오며 면두를 쪼았다. 큰 닭도 여기에는 놀랐는지 뒤로 멈씰하며* 물러난다. 이 기회를 타서 작은 우리 수탉이 또 날쌔게 덤벼들어 다시 면두를 쪼니 그제서는 감때사나운* 그 대강이에서도 피가 흐르지 않을 수 없었다.

옳다, 알았다, 고추장만 먹이면 되는구나 하고 나는 속으로 아주 쟁그러워* 죽겠다. 그 때에는 뜻밖에 내가 닭쌈을 붙여 놓는 데 놀라서 울 밖으로 내다보고 섰던 점순이도 입맛이 쓴지 눈살을 찌푸렸다. 나는 두 손으로 볼기짝을 두드리며 연방,

"잘 한다! 잘 한다!"
하고 신이 머리끝까지 뻗치었다.

그러나 얼마 되지 않아서 나는 넋이 풀리어 기둥같이 묵묵히 서 있게 되었다. 왜냐 하면, 큰 닭이 한 번 쪼인 앙갚음으로 호들갑스레 연거푸 쪼는 서슬에 우리 수탉은 찔끔 못 하고 막 굶는다. 이걸 보고서 이번에는 점순이가 깔깔거리고 되도록 이 쪽에서 많이 들으라고 웃는 것이다.

나는 보다못하여 덤벼들어서 우리 수탉을 붙들어 가지고 도로 집으로 들어왔다. 고추장을 좀더 먹였더라면 좋았을걸, 너무 급하게 쌈을 붙인 것이 퍽 후회가 난다.

---

* 맥을 보았다 일이 돌아가는 형편을 살피다.
* 하비다 손톱이나 발톱으로 긁어 파다, 후비다.
* 멈씰하며 '멈칫하며'의 방언임.
* 감때사납다 생김새나 성질이 몹시 억세고 사납다.
* 쟁그럽다 원래는 '징그럽다'보다 작은 느낌을 주는 말이지만, 여기서는 '고소한'의 뜻.

장독께로 돌아와서 다시 턱 밑에 고추장을 들이댔다. 흥분으로 말미 암아 그런지 당최 먹질 않는다. 나는 하릴없이 닭을 반듯이 눕히고 그 입에다 궐련 물부리를 물리었다. 그리고 고추장에 물을 타서 그 구멍으로 조금씩 들이부었다. 닭은 좀 괴로운지 킥킥 하고 재채기를 하는 모양이나, 그러나 당장의 괴로움은 매일같이 피를 흘리는 데 댈 게 아니라 생각하였다.

그러나 한 두어 종지 가량 고추장물을 먹이고 나서는 나는 고만 풀이 죽었다. 싱싱하던 닭이 왜 그런지 고개를 살며시 뒤틀고는 손아귀에서 뻐드러지는 것이 아닌가. 아버지가 볼까 봐서 얼른 홰에다 감추어 두었더니 오늘 아침에서야 겨우 정신이 든 모양 같다.

그랬던 걸 이렇게 오다 보니까 또 쌈을 붙여 놓으니 이 망할 계집애가 필연 우리 집에 아무도 없는 틈을 타서 제가 들어와 홰에서 꺼내 가지고 나간 것이 분명하다.

나는 다시 닭을 잡아 가두고, 염려가 되었지만 그렇다고 산으로 나무를 하러 가지 않을 수도 없는 형편이었다. 소나무 삭정이*를 따며 가만히 생각해 보니 암만해도 고년의 목쟁이*를 돌려 놓고 싶다. 이번에 내려가면 망할 년 등줄기를 한 번 되게 후려치겠다 하고 싱둥겅둥* 나무를 지고는 부리나케 내려왔다.

거지반 집에 다 내려와서 나는 호드기* 소리를 듣고 발이 딱 멈추었다. 산기슭에 널려 있는 굵은 바윗돌 틈에 노란 동백꽃이 소보록하니 깔리었다.

그 틈에 끼여 앉아서 점순이가 청승맞게스리* 호드기를 불고 있는

---

* 삭정이 산 나무에 붙은 채 말라 죽은 가지.
* 목쟁이 목정강이.
* 싱둥겅둥 마음에 무엇인가 차지 않는 태도로 걷는 모양.
* 호드기 버들가지 껍질 등으로 만든 피리의 일종.
* 청승맞게스리 청승맞게끔.

것이다. 그보다도 더 놀란 것은 그 앞에서 또 푸드덕 푸드덕 하고 들리는 닭의 횃소리다. 필연코 요년이 나의 약을 올리느라고 또 닭을 집어 내다가 내가 내려올 길목에다 쌈을 시켜 놓고, 저는 그 앞에 앉아서 호드기를 불고 있음에 틀림없으리라. 나는 약이 오를 대로 다 올라서 두 눈에서 불과 함께 눈물이 퍽 쏟아졌다. 나뭇지게도 벗어 놀 새 없이 그대로 내동댕이치고는 지게막대기를 뻗치고 허둥허둥 달려들었다.

가까이 와 보니, 과연 나의 짐작대로 우리 수탉이 피를 흘리고 거의 빈사지경*에 이르렀다. 닭도 닭이려니와 그러함에도 불구하고 눈 하나 깜짝없이 고대로 앉아서 호드기만 부는 그 꼴에 더욱 치가 떨린다. 동네에서도 소문이 났거니와 나도 한때는 걱실걱실히* 일 잘하고 얼굴 예쁜 계집애인 줄 알았더니 시방 보니까 눈깔이 꼭 여우새끼 같다.

나는 대뜸 달겨들어서* 나도 모르는 사이에 큰 수탉을 단매로 때려 엎었다. 닭은 푹 엎어진 채 다리 하나 꼼짝 못 하고 그대로 죽어 버렸다. 그리고 나는 멍하니 섰다가 점순이가 매섭게 눈을 홉뜨고* 닥치는 바람에 뒤로 벌렁 나자빠졌다.

"이놈아! 너, 왜 남의 닭을 때려죽이니?"

"그럼 어때?"

하고 일어나다가,

"뭐 이 자식아! 누 집 닭인데?"

하고 복장*을 떼미는 바람에 다시 벌렁 자빠졌다. 그러고 나서 가만히 생각하니 분하기도 하고 무안하기도 하고, 또 한편 일을 저질렀으니 인젠 땅이 떨어지고 집도 내쫓기고 해야 될는지 모른다.

---

* 빈사지경(瀕死之境) 거의 죽을 지경.
* 걱실걱실히 성질이 너그러워 말과 행동이 시원시원하다.
* 달겨들다 '달려들다'의 방언임.
* 홉뜨다 눈알을 굴려 눈시울을 위로 치뜨다.
* 복장 배를 이르는 속된 말.

나는 비슬비슬 일어나며 소맷자락으로 눈을 가리고는 얼김에 엉 하고 울음을 놓았다. 그러나 점순이가 앞으로 다가와서,

"그럼 너, 이담부턴 안 그럴 테냐?"

하고 물을 때에야 비로소 살 길을 찾은 듯싶었다. 나는 눈물을 우선 씻고 뭘 안 그러는지 명색도 모르건만,

"그래!"

하고 무턱대고 대답하였다.

"요담부터 또 그래 봐라, 내 자꾸 못살게 굴 테니."

"그래 그래, 인젠 안 그럴 테야."

"닭 죽은 건 염려 마라. 내 안 이를 테니."

그리고 뭣에 떠다밀렸는지 나의 어깨를 짚은 채 그대로 퍽 쓰러진다. 그 바람에 나의 몸뚱이도 겹쳐서 쓰러지며 한창 피어 퍼드러진 노란 동백꽃* 속으로 푹 파묻혀 버렸다. 알싸한, 그리고 향긋한 그 냄새에 나는 땅이 꺼지는 듯이 온 정신이 고만 아찔하였다.

"너 말 마라!"

"그래!"

조금 있더니 요 아래서,

"점순아! 점순아! 이년이 바느질을 하다 말구 어딜 갔어?"

하고, 어딜 갔다 온 듯싶은 그 어머니가 역정이 대단히 났다.

점순이가 겁을 잔뜩 집어먹고 꽃 밑을 살금살금 기어서 산 아래로 내려간 다음, 나는 바위를 끼고 엉금엉금 기어서 산 위로 치빼지* 않을 수 없었다.

---

* 노란 동백꽃 생강나무 꽃. 춘천 지방에서는 생강나무 꽃을 '동백꽃'이라고 한다. 녹나뭇과에 딸린 갈잎 떨기나무.
* 치빼다 위로 향해 달아나다.

생강나무 꽃

산골 나그네

밤이 깊어도 술꾼은 역시 들지 않는다. 메주 뜨는 냄새와 같이 퀴퀴한 냄새로 방 안은 쾨쾨하다. 윗간에서는 쥐들이 찍찍거린다. 홀어미는 쪽 떨어진 화로를 끼고 앉아서 쓸쓸한 대로 곰곰 생각에 젖는다. 가뜩이나 침침한 반짝 등불이 북쪽 지게문*에 뚫린 구멍으로 새드는 바람에 반득이며 빛을 잃는다. 헌 버선짝으로 구멍을 틀어막는다. 그리고 등잔 밑으로 반짇고리를 끌어당기며 시름없이 바늘을 집어든다.

시골의 가을은 왜 이리 고적할까! 앞뒤 울타리에서 부수수 하고 떨잎*은 진다. 바로 그것이 귀 밑에서 들리는 듯 나직나직 속삭인다. 더욱 몹쓸 건 물소리, 골을 휘돌아 맑은 샘은 흘러내리고 야릇하게도 음률을 읊는다.

퐁! 퐁! 퐁! 쪼록 퐁!

바깥에서 신발 소리가 자작자작 들린다. 귀가 번쩍 띄어 그는 방문을

---

* 지게문 밖에서 방으로 드나드는 외짝 문.
* 떨잎 낙엽.

가볍게 열어젖힌다. 머리를 내밀며,

"덕돌이냐?"

하고 반겼으나 잠잠하다. 앞뜰 건너편 수펑*을 감돌아 싸늘한 바람이 낙엽을 훌뿌리며 얼굴에 부딪친다.

용마루가 쌩쌩 운다. 모진 바람 소리에 놀라 멀리서 밤개가 요란히 짖는다.

"쥔어른 계서유?"

몸을 돌리어 바느질거리를 다시 집어들려 할 제, 이번에는 짜장* 인기가 난다. 황겁하게*,

"누구유?"

하고 일어서며 문을 열어 보았다.

"왜 그리유?"

처음 보는 아낙네가 마루 끝에 와 섰다. 달빛에 비끼어 검붉은 얼굴이 해쓱하다. 추운 모양이다. 그는 한 손으로 머리에 둘렀던 왜수건을 벗어 들고는 다른 손으로 흩어진 머리칼을 쓰담어 올리며 수줍은 듯이 주뼛주뼛한다.

"저어, 하룻밤만 드새고 가게 해 주세유."

남정네도 아닌데 이 밤중에 웬일인가, 맨발에 짚신짝으로. 그야 아무렇든 ──.

"어서 들어와 불 쬐게유."

나그네는 주춤주춤 방 안으로 들어와서 화로 곁에 도사려 앉는다. 낡은 치맛자락 위로 삐지려는 속살을 아무리자 허리를 지그시 튼다. 그리고는 묵묵하다. 주인은 물끄러미 보고 있다가 밥을 좀 주려느냐고 물어

─────────────────

＊수펑 '수풀'의 강원도 사투리.
＊짜장 과연, 정말로.
＊황겁하다 두렵고 겁이 나다.

보아도 잠자코 있다. 그러나 먹던 대궁*을 주워 모아 짠지쪽하고 갖다 주니 감지덕지 받는다. 그러고 물 한 모금 마심 없이 잠깐 동안에 밥그릇의 밑바닥을 긁는다.

밥숟갈을 놓기가 무섭게 주인은 이야기를 붙이기 시작하였다. 미주알고주알 물어 보니 이야기는 지수가 없다*. 자기로도 너무 지쳐 물은 듯싶은 만큼 대구* 추근거렸다. 나그네는 싫단 기색도, 좋단 기색도 별로 없이 시나브로 대꾸하였다. 남편 없고 몸 붙일 곳 없다는 것을 간단히 말하고 난 뒤,

"이리저리 얻어먹고 단게유."

하고 턱을 가슴에 묻는다.

첫닭이 홰를 칠 때 그제야 마을 갔던 덕돌이가 돌아온다. 문을 열고 감사나운* 머리를 디밀려다 낯선 아낙네를 보고 눈이 휘둥그렇게 주춤한다. 열린 문으로 억센 바람이 몰아들며 방 안이 캄캄하다. 주인은 문 앞으로 걸어와 서며 덕돌이의 등을 뚜덕거린다. 젊은 여자 자는 방에서 떠꺼머리 총각을 재우는 건 상서롭지 못한 일이었다.

"얘 덕돌아, 오늘은 마을 가 자고 아침에 온."

가을할* 때가 지났으니 돈냥이나 좋이 퍼질 때도 되었다. 그 돈들이 어디로 몰리는지 이 술집에서는 좀체 돈맛을 못 본다. 술을 판대야 한 초롱에 오륙십 전 떨어진다. 그 한 초롱을 잘 판대도 사날씩이나 걸리는 걸 요새 같아선 그 잘량한* 술꾼까지 씨가 말랐다. 어쩌다 전일에 펴

＊ 대궁　밥그릇 안에 먹다 남은 밥.
＊ 지수가 없다　이야기를 중구 난방으로 한다.
＊ 대구　무리하게 자꾸(표준말은 대고).
＊ 감사납다　억세고 사납다.
＊ 가을하다　추수하다.
＊ 잘량하다　알량하다.

놓았던 외상값도 갖다줄 줄을 모른다. 홀어미는 열벙거지가 나서 이른 아침부터 돈을 받으러 돌아다녔다. 그러나 다리 품을 들인 보람도 없었다. 낼 사람이 즐겨야 할 텐데 우물쭈물하며 한단 소리가 좀 두고 보자는 것이 고작이었다. 그렇다고 안 갈 수도 없는 노릇이다. 나날이 양식은 달리고 지점 집에서 집행을 하느니 뭘 하느니 독촉이 어지간치 않음에랴——.

"저도 인젠 떠나겠세유."

그가 조반 후 나들이옷을 바꾸어 입고 나서니 나그네도 따라 일어선다. 그의 손을 자상히 붙잡으며 주인은,

"고달플 테니 며칠 더 쉬어 가게유."

하였으나,

"가야지유, 너무 오래 신세를……."

"그런 염려는 말구."

라고 누르며 집 지켜 주는 셈치고 방에 누웠으라 하고는 집을 나섰다.

백두 고개를 넘어서 안말로 들어가 해동갑*으로 헤매었다. 헤실수*로 간 곳도 있기야 하지만 맑았다. 해가 지고 어두울 녘에야 그는 흘부들해서 돌아왔다. 좁쌀 닷 되밖에는 못 받았다. 다른 사람들은 돈 낼 생각은커녕 이러면 다시 술 안 먹겠다고 도리어 을러 보냈던 것이다. 그러나 이만도 다행이다. 아주 못 받으니보다는 끼니 때를 가졌다. 그는 좁쌀을 씻고 나그네는 솥에 불을 지피어 부랴사랴 밥을 짓고 일변 상을 보았다.

밥들을 먹고 나서 앉았으려니깐 갑자기 술꾼이 몰려든다. 이거 웬일인가. 처음에는 하나가 오더니 다음에는 세 사람, 또 두 사람. 모두 젊은 축들이다. 그러나 각각들 먹일 방이 없으므로 주인은 좀 망설이다가

---

* 해동갑 해가 질 때까지의 동안.
* 헤실수 헛수고.

그 연유를 말하였으나 뭐 한 동리 사람인데 어떠냐, 한데서 먹게 해 달라는 바람에 얼씨구나 하였다. 이제야 운이 트나 보다. 양푼에 막걸리를 딸쿠어 나그네에게 주며 솥에 넣고 좀 속히 데워 달라 하였다. 자기는 치마꼬리를 휘둘러 가며 잽싸게 안주를 장만한다. 짠지, 동치미, 고추장, 특별 안주로 삶은 밤도 놓았다. 사촌동생이 맛보라고 며칠 전에 갖다 준 것을 아껴 둔 것이었다.

방 안은 떠들썩하다. 벽을 두드리며 아리랑 찾는 놈에, 건으로 너털웃음 치는 놈, 혹은 수군숙덕하는 놈 —— 가지각색이다. 주인이 술상을 받쳐 들고 들어가니 짜위*나 한 듯이 일제히 자리를 바로잡는다. 그 중에 얼굴 넓적한 하이칼라 머리가 야리*가 나서 상을 받으며 주인 귀에다 입을 비껴 대인다.

"아주머니, 젊은 갈보 사왔다지유? 좀 보여 주게유."

영문 모를 소문도 다 도는고!

"갈보라니 웬 갈보?"

하고 어리삥삥하다 생각을 하니 턱없는 소리는 아니다. 눈치있게 부엌으로 내려가서 보강지* 앞에 웅크리고 앉았는 나그네의 머리를 은근히 끌어안았다. 자, 저 패들이 새댁을 갈보로 횡보고* 찾아온 맥이다. 물론 새댁 편으론 망칙스러운 일이겠지만, 달포나 손님의 그림자가 드물던 우리 집으로 보면 재수의 빗발이다. 술국*을 잡는다고 어디가 떨어지는 게 아니요, 욕이 아니니 나를 보아 오늘만 좀 팔아 주기 바란다. —— 이런 의미를 곰살궂게 간곡히 말하였다. 나그네의 낯은 별반 변함이 없다. 늘 한 양으로 예사로이 승낙하였다.

---

* **짜위** 남몰래 자기들끼리만 하는 약속.
* **야리** 되바라진 말씨나 태도(표준말은 야살).
* **보강지** 아궁이.
* **횡보다** 잘못 보다.
* **술국** 항아리에서 술을 풀 때 쓰는 도구.

술이 온몸에 돌고 나서야 뒷술이 잔풀이가 난다. 한 잔에 오 전, 그저 마시긴 아깝다. 얼간한 상투배기가 계집의 손목을 탁 잡아 앞으로 끌어당기며,

"권주가 좀 해. 이건 꿰어 온 보릿자룬가."

"권주가? 뭐야유?"

"권주가? 아, 갈보가 권주가도 모르나. 으하하하."

하고는 무안에 취하여 폭 숙인 계집 뺨에다 꺼칠꺼칠한 턱을 문질러 본다. 소리를 암만 시켜도 아랫입술을 깨물고는 고개만 기울일 뿐 소리는 못하나 보다. 그러나 노래 못하는 꽃도 좋다. 계집은 영 내리는 대로 이 무릎 저 무릎으로 옮아 앉으며 턱 밑에다 술잔을 받쳐 올린다.

술들이 담뿍 취하였다. 두 사람은 곯아져서 코를 곤다. 계집이 칼라머리 무릎 위에 앉아 담배를 피워올릴 때 코웃음을 흥 치더니 그 무지스러운 손이 계집의 아래 뱃가죽을 사양없이 움켜잡았다. 별안간 '아야' 하고 퍼들껑하더니* 계집의 몸뚱아리가 공중으로 도로 뛰어오르다 떨어진다.

"이 자식아, 너만 돈 내고 먹었니?"

한 사람 새 두고 앉았던 상투가 콧살을 찌푸린다. 그리고 맨발 벗은 계집의 두 발을 양손에 붙잡고 가랑이를 쩍 벌려 무릎 위로 지르르 끌어올린다. 계집은 앙탈을 한다. 눈시울에 눈물이 엉기더니 불현듯이 쪼록 쏟아진다.

방 안에서 왱마가리* 소리가 끓어오른다.

"저 잡놈 보게, 으하하하."

술은 연신 데워서 들여가면서도 주인은 불안하여 마음을 졸였다. 겨우 마음을 놓은 것은 훨씬 밝아서이다.

---

* 퍼들껑하다 갑자기 몸을 일으키다.
* 왱마가리 잘 우는 개구리.

참새들은 소란히 지저귄다. 지직* 바닥이 부스럼 자죽보다 진배없다. 술, 짠지쪽, 가래침, 담뱃재 —— 뭣해 너저분하다. 우선 한 길치*에 자리를 잡고 계배*를 대 보았다. 마수걸이*가 팔십오 전, 외상이 이 원 각수*다. 현금 팔십오 전, 두 손에 들고 앉아 세이고 또 세어 보고…….

뜰에서는 나그네의 혀로 끌어올리는 인사.

"안녕히 가십시게유."

"입이나 좀 맞추고 뽀! 뽀! 뽀!"

"나두."

찌르쿵! 찌르쿵! 찔거러쿵!

"방아머리가 무겁지유?…… 고만 까불까."

"들 익었세유, 더 쪄야지유."

"그런데 애는 어쩐 일이야……."

덕돌이를 읍엘 보냈는데 날이 저물어도 여태 오지 않는다. 흩어진 좁쌀을 확에 쓸어 넣으며 홀어미는 퍽으나 애를 태운다. 요새 날씨가 차지니까 늑대, 호랑이가 차차 마을로 찾아 내린다. 밤길에 고개 같은 데서 만나면 끽 소리도 못 하고 욕을 당한다.

나그네가 방아를 괴놓고 내려와서 키로 확의 좁쌀을 담아 올린다. 주인은 그 머리를 씨담고* 자기의 행주치마를 벗어서 그 위에 씌워 준다. 계집의 나이 열아홉이면 활짝 필 때이건만 버케*된 머리칼이며 야윈 얼굴이며 벌써부터 외양이 시들어 간다. 아마 고생을 짓한 탓이리라.

---

* **지직** 일종의 돗자리로 기직의 방언임.
* **길치** 길체, 모퉁이.
* **계배(計杯)** 술값을 치를 때 잔 수를 세어 값을 계산함.
* **마수걸이** 그 날 장사에서, 맨 처음으로 물건을 파는 일.
* **각수(角數)** 돈을 '원' 단위로 셀 때, '원' 단위 아래에 남는 몇 전이나 몇십 전.
* **씨담다** 쓰다듬다.
* **버케** 머릿결이 거칠고 윤기를 잃은 상태.

날씬한 허리를 재빨리 놀려 가며 일이 끊일 새 없이 다기지게* 덤벼드는 그를 볼 때 주인은 지극히 사랑스러웠다. 그리고 일변 측은도 하였다. 뭣하면 딸과 같이 자기 곁에서 길게 살아 주었으면 상팔자일 듯싶었다. 그럴 수 있다면 그 소 한 마리와 바꾼대도 이것만은 안 내놓으리라고 생각도 하였다.

아들만 데리고 홀어미의 생활은 무던히 호젓하였다. 그런데다 동리에서는 속 모르는 소리까지 한다. 떠꺼머리 총각을 그냥 늙힐 테냐고. 그러나 형세가 부치므로 감히 엄두도 못 내다가 겨우 올 봄에서야 다붙어 서둘게 되었다. 의외로 일은 손쉽게 되었다. 이러저러 언론이 돌더니 남촌산에 사는 어느 집 둘째 딸과 혼약하였다. 일부러 홀어미는 사십 리 길이나 걸어서 색시의 손등을 문질러 보고는,

"참 애기 잘도 생겼세!"

좋아서 사둔에게 칭찬을 뇌고 뇌곤 하였다.

그런데 없는 살림에 빚을 내어 가며 혼수를 다 꼬매 놓은 뒤였다. 혼인날을 불과 이틀 격해 놓고 일이 고만 빗나갔다. 처음에야 그런 말이 없더니 난데없는 선채금 삼십 원을 가져오란다. 남의 돈 삼 원과 집의 돈 오 원으로 거추꾼에게 품삯 노비 주고 혼수하고 단지 이 원 — 잔치에 쓸 것밖에 안 남고 보니 삼십 원이란 입내도 못 낼 소리다. 그 밤, 그는 이리 뒤척 저리 뒤척 넋잃은 팔을 던져 가며 통밤을 새웠던 것이다.

"어머님! 진지 잡수세유."

새댁에게 이런 소리를 듣는다면 끔찍이 귀여우리라. 이것이 단 하나의 그의 소원이었다

"다리 아프지유? 너머 일만 시켜서……."

주인은 저녁 좁쌀을 쓸어 넣다가 방아다리에 깝신대는 나그네를 걸

---

* 다기지다 보기보다 마음이 굳고 야무지다.

삼스럽게* 쳐다본다. 방아가 무거워서 껍적이며 잘 오르지 않는다. 가냘픈 몸이라 상혈이 되어 두 볼이 새빨갛게 색색거린다. 치마도 치마려니와 명주 저고리는 어찌 삭았는지 어깨께가 손바닥만 하게 척 나갔다. 그러나 덕돌이가 왜포* 다섯 자를 바꿔 오거든 첫대 사발 허통된* 속곳부터 해 입히고 차차 할 수밖엔 없다.

"같이 찜시다유."

주인도 남저지 방아다리에 올라섰다. 그리고 찌꼉* 위에 놓인 나그네의 손을 눈치 안 채게 슬며시 쥐어 보았다. 더도 덜도 말고 그저 요만한 며느리만 얻어도 좋으련만! 나그네와 눈이 고만 마주치자 그는 열쩍어서 시선을 돌렸다.

"퍽도 쓸쓸하지유?"

하며 손으로 울 밖을 가리킨다. 첫밤 같은 석양판이다. 색동저고리를 펼쳐 입고 산들은 거방진* 방앗소리를 은은히 전한다. 찔그러쿵! 찌러쿵!

그는 나그네를 금덩이같이 위하였다. 없는 대로 자기의 옷가지도 서로서로 별러* 입었다. 그리고 잘 때에는 딸과 진배없이 이불 속에서 품에 꼭 품고 재우곤 하였다. 하지만 자기의 은근한 속심은 차마 입에 드러내어 말은 못 건넸다. 잘 들어 주면 이어니와 뭣하게 안다면 피차의 낯이 뜨뜻한 일이었다.

그러자 맘먹지 않았던 우연한 일로 인하여 마침내 기회를 얻게 되었다. —— 나그네가 온 지 나흘 되던 날이었다. 거문관이* 산기슭에 있는 영길네가 벼방아를 좀 와서 찧어 달라고 한다. 나그네는 줄밤을 새우므

---

* 걸심스럽게 탐스럽게.
* 왜포(倭布) 무명, 광목.
* 사발 허통하다 사면팔방이 터져 있어 허술하다.
* 찌꼉 방앗간 대들보에 매달린 손잡이.
* 거방진 하는 짓이 점잖고 묵직한.
* 별러 여러 몫으로 고르게 나누어.
* 거문관이 춘천시 중리 이웃 마을.

로 낮에나 푸근히 자라고 두고 그는 홀로 집을 나섰다.

머리에 겨를 뽀얗게 쓰고 맥이 풀려서 집에 돌아온 것은 이럭저럭 으스레하였다. 늘큰한* 다리를 끌고 뜰 앞으로 향하다가 그는 주춤하였다. 나그네 홀로 자는 방에 덕돌이가 들어갈 리 만무한데, 정녕코 그놈일 게다. 마루 끝에 자그마한 나그네의 짚세기가 놓인 그 옆으로 질목 채 벗은 왕달 짚세기가 왁살스럽게 놓였다. 그리고 방에서는 수군수군 낮은 말소리가 흘러나온다. 그는 무심코 닫은 방문께로 귀를 기울였다.

"그럼 와 그러는 게유? 우리 집이 굶을까 봐 그리시유?"

"……."

"어머니도 사람은 좋아유……올에 잘만 하면 내년에는 소 한 마리 사 놀 게구, 농사만 해두 한 해에 쌀 넉 섬, 조 엿 섬, 그만하면 고만이지유…… 내가 싫은 게유?"

"……."

"사내가 죽었으니 아무튼 얻을 게지유?"

옷 터지는 소리. 부스럭거린다.

"아이! 아이! 아이! 참! 이거 노세유."

쥐 죽은 듯이 감감하다.

허공에 아롱거리는 낙엽을 이윽히 바라보며 그는 빙그레한다. 신발 소리를 죽이고 뜰 밖으로 다시 돌쳐 섰다.

저녁상을 물린 후 시치미를 딱 떼고 나그네의 기색을 살펴보다가 입을 열었다.

"젊은 아낙네가 홀몸으로 돌아다닌대두 고생일 게유. 또 어차피 사내는……."

여기서부터 사리에 맞도록 이 말 저 말을 주섬주섬 꺼내 오나가 나의

---

* 늘큰하다 축 늘어지다.

며느리가 되어 줌이 어떻겠느냐고 꽉 토파*를 지었다. 치마를 흡싸고 앉아 갸웃이 듣고 있던 나그네는 치마끈을 깨물며 이마를 떨어뜨린다. 그리고는 두 볼이 빨개진다. 젊은 계집이 나 시집가겠소, 하고 누가 나서랴. 이만하면 합의한 거나 틀림없을 것이다.

혼수는 전에 해 둔 것이 있으니 한시름 잊었다. 그대로 이앙*이나 고쳐서 입히면 고만이다. 돈 이 원은 은비녀, 은가락지 사다가 각별히 색시에게 선물 내리고…….

일은 밀수록 낭패가 많다. 금시로 날을 받아서 대례를 치렀다. 한편에서는 국수를 누른다. 잔치 보러 온 아낙네들은 국수 그릇을 얼른 받아서 후룩후룩 들이마시며 시악시 잘났다고 추었다.

주인은 즐거움에 너무 겨워서 추배*를 흔근히 들었다. 여간 경사가 아니다. 뭇 사람을 삐집고 안팎으로 드나들며 분부하기에 손이 돌지 않는다.

"애 메누라! 국수 한 그릇 더 가져온."

어째 말이 좀 어색하구먼 —— 다시 한 번,

"메누라, 애야! 얼른 가져와."

삼십을 바라보자 동곳*을 찔러 보니 제풀에 멋이 질려 비뚜름하다. 덕돌이는 첫날을 치르고 부썩부썩 기운이 난다. 남이 두 단을 털 제면 그의 볏단은 석 단째 풀쳐 나간다. 연방 손바닥에 침을 뱉어붙이며 어깨를 으쓱거린다.

"끅! 끅! 끅! 찍어라, 굴려라, 끅! 끅!"

동무의 품앗이 일이다. 거무투룩한 젊은 농군 댓이 볏단을 번차례로 집어든다. 열에 뜬 사람같이 식식거리며 세차게 벼알을 절구통 배에서

＊**토파** 마음에 품고 있는 사실을 다 털어 내어 말함.
＊**이앙** 이음새.
＊**추배** 잇달아 술잔을 돌리는 일.
＊**동곳** 상투를 튼 뒤에 그것이 다시 풀어지지 않도록 꽂는 물건.

주룩주룩 흘러내린다.

"얘! 장가들고 한턱 안 내니?"

"일색이더라. 단단히 먹자. 닭이냐? 술이냐? 국수냐?"

"웬 국수는? 너는 국수만 아느냐?"

저희끼리 찧고 까분다. 그들은 일을 놓으며 옷깃으로 땀을 씻는다. 골바람이 벼까라기를 부옇게 풍긴다. 옆 산에서 푸드득하고 꿩이 날며 머리 위를 지나간다. 갈퀴질을 하던 얼굴 넓적이가 갈퀴를 놓고 씽급하더니 달겨든다. 장난꾼이다. 여러 사람의 힘을 빌리어 덕돌이 입에다 헌 짚신짝을 물린다. 버들껑거린다. 다시 양 귀를 두 손에 잔뜩 훔켜 잡고 끌고 와서는 털어 놓은 볏무더기 위에 머리를 틀어박으며 동서남북으로 큰절을 시킨다.

"야아! 야아! 아!"

"아니다, 아니야, 장갈 갔으면 산신령에게 이러하다 말이 있어야지, 괜스레 산신령이 노하면 눈깔망난이(호랑이)* 내려보낸다."

뭇 웃음이 터져 오른다. 새신랑의 옷이 이게 뭐냐. 볼기짝에 구멍이 다 뚫리고……. 빈정대는 사람도 있다. 그러나 덕돌이는 상투의 먼지를 털고 나서 곰방대를 피워 물고는 싱그레 웃어 치운다. 좋은 옷은 집에 두었다. 인조견 조끼, 저고리, 새하얀 옥당목 겹바지, 그러나 아끼는 것이다. 일할 때엔 헌옷을 입고 집에 돌아와 쉬일 참에나 입는다. 잘 때에도 모조리 벗어서 더럽지 않게 착착 개어 머리맡 위에 놓고 자곤 한다. 의복이 남루하면 인상이 추하다. 모처럼 얻은 귀여운 안해*니 행여나 마음이 돌아앉을까 미리미리 사려두지 않을 수도 없는 노릇이다. 그야

* 눈깔망난이(호랑이) 고양잇과에 딸린 맹수. 고양잇과 최대의 동물로 몸통의 길이 약 1.8m, 꼬리 약 0.9m, 몸무게 200~300kg임.
* 안해 아내.

호랑이

말로 이십구 년 만에 누런 이쪼각에다 어제서야 소금을 발라본 것도 이 까닭이었다. 덕돌이가 볏단을 다시 집어 올릴 제 그 이웃에 사는 돌쇠가 옆으로 와서 품을 안는다.

"얘, 덕돌아! 너 내일 우리 조마댕이* 좀 해 줄래?"

"뭐 어째?"

하고 소리를 빽 지르고는 그는 눈귀가 실룩하였다.

"누구보고 해라야, 응? 이 자식 까놀라."

어제까지는 턱없이 지냈단대도 오늘의 상투를 못 보는가!

바로 그 날이었다. 윗간에서 혼자 새우잠을 자고 있던 홀어미는 놀라 눈이 번쩍 띄었다. 만뢰* 잠잠한 밤중이다.

"어머니! 그거 달아났세유. 내 옷두 없고……."

"응?"

하고 반 마디 소리를 치며 얼떨김에 그는 캄캄한 방 안을 더듬어 아랫간으로 넘어섰다. 황망히 등잔에 불을 당기며,

"그래 어디로 갔단 말이냐?"

영산*이 나서 묻는다. 아들은 벌거벗은 채로 이불로 앞을 가리고 앉아서 징징거린다. 옆자리에는 빈 베개뿐, 사람은 간 곳이 없다. 들어본즉, 온종일 일하기에 피곤하여 아들은 자리에 들자 고만 세상을 잊었다. 하기야 그 때 안해도 옷을 벗고 한 자리에 누워서 맞붙어 잤던 것이다. 그는 보통 때와 조금도 다름없이 새침허니 드러누워서 천장만 쳐다보았다. 그런데 자다가 별안간 오줌이 마렵기 요강을 좀 집어 달래려고 보니 뜻밖에 품안이 허룩하다. 불러 보아도 대답이 없다. 그제서는 어레짐작으로 우선 머리맡 위에 놓았던 옷을 더듬어 보았다. 딴은 없다.

---

* 조마댕이 조 마당질. 조 타작.
* 만뢰 온갖 물건에서 나는 소리.
* 영산 왈칵 치솟는 노여운 감정.

필연 잠든 틈을 타서 살며시 옷을 입고 자기의 옷이며 버선까지 들고 내뺐음이 분명하리라.

"도적년!"

모자는 관솔불을 켜들고 나섰다. 부엌과 잿간을 뒤졌다. 그리고 뜰 앞 수풀 속도 낱낱이 찾아봤으나 흔적도 없다.

"그래도 방 안을 다시 한 번 찾아보자."

홀어미는 구태여 며느리를 도둑년으로까지는 생각하고 싶지 않았다.

거반 울상이 되어 허벙저벙 방 안으로 들어왔다. 마음을 가라앉혀 둘쳐보니 아니나 다르랴, 며느리 베개 밑에서 은비녀가 나온다. 달아날 계집 같으면 이 비싼 은비녀를 그냥 두고 갈 리 없다.

두말없이 무슨 병패가 생겼다. 홀어미는 아들을 데리고 덜미를 집히는 듯 문 밖으로 찾아나섰다.

마을에서 산길로 빠져나는 어귀에 우거진 숲 사이로 비스듬히 언덕 길이 놓였다. 바로 그 밑에 석벽을 끼고 깊고 푸른 웅덩이가 묻히고, 넓은 그 물이 겹겹 산을 에돌아 약 십 리를 흘러내리면 신연강 중턱을 뚫는다. 시새*에 반쯤 파묻히어 번들대는 큰 바위는 내를 싸고 양쪽으로 질펀하다. 꼬부랑길은 그 틈바귀로 뻗었다. 좀체 걷지 못할 자갈길이다. 내를 몇 번 건너고 험상궂은 산들을 비켜서 한 오 마장 넘어야 겨우 길다운 길을 만난다. 그리고 거기서 좀더 간 곳에 냇가에 외지게 잃어진 오막살이 한 간을 볼 수 있다. 물방앗간*이다. 그러나 이제는 밥을 찾아 흘러가는 뜬몸들의 하룻밤 숙소로 변하였다.

벽이 확 나가고 네 기둥뿐인 그 속에 힘을 잃은 물방아는 을씨년궂게

---

* 시새 잘고 고운 모래.
* 물방앗간 물방아 장치를 하여 놓고 곡식을 찧는 집. 물방아는 흐르는 물의 힘으로 곡식을 찧는 방아.

모로 누웠다. 거지도 그 옆의 홑이불 위에 거적을 덧쓰고 누웠다. 거푸진 신음이다. 으! 으! 으릉! 서까래 사이로 달빛은 쌀쌀히 흘러든다. 가끔 마른잎을 뿌리며 ——.

"여보, 자우? 일어나게유, 얼핀."

계집의 음성이 나자 그는 꾸물거리며 일어앉는다. 그리고 너털대는 홑적삼 깃을 여며잡고는 덜덜 떤다.

"인제 고만 떠날 테이야? 쿨룩……."

말라빠진 얼굴로 계집을 바라보며 그는 이렇게 물었다.

십 분 가량 지났다. 거지는 호사하였다. 달빛에 번쩍거리는 겹옷을 입고서 지팡이를 끌며 물방앗간을 등졌다. 골골하는 그를 부축하여 계집은 뒤에 따른다. 술집 며느리다.

"옷이 너머 커, 좀 작았으면……."

"잔말 말고 어여 갑시다. 펄쩍."

계집은 부리나케 그를 재촉한다. 그리고 연해 돌아다보길 잊지 않았다. 그들은 강길로 향한다. 개울을 건너 불거져 내린 산모퉁이를 막 꼽들려 할 제다. 멀리 뒤에서 사람 욱이는 소리가 끊일 듯 날 듯 간신히 들려온다. 바람에 먹히어 말저*는 모르겠으나 재없이* 덕돌이의 목성임은 넉히 짐작할 수 있다.

"아, 얼른 좀 오게유."

똥끝이 마르는 듯이 계집은 사내의 손목을 겁겁히 잡아끈다. 병든 몸이라 끌리는 대로 뒤툭거리며 거지도 으슥한 산 저편으로 같이 사라진다. 수은빛 같은 물방울을 품으며 물결은 산벽에 부닥뜨린다. 어디선지 지정치 못할 늑대 소리는 이 산 저 산서 와글와글 굴러내린다.

---

* 말저 말짱. 속속들이. 모두.
* 재없다 틀림없다.

애기

애기는 이 땅에 떨어지자 무턱대고 귀염만 받으려는 그런 특권을 가집니다. 그리고 악을 지르며 울 수 있는 그런 재주도 타고납니다.

그는 가끔 명령을 내립니다. 응아! 응아! 이렇게 소리를 지르고 눈물을 흘리며 우는 것입니다. 우리는 이걸 귀아프다 아니합니다. 다만 그의 분부대로 시행할 따름입니다. 겸하여 오, 우지 마, 우리 아가야, 하고 그를 얼싸안으며 뺨도 문대고 뽀뽀도 하고 할 수 있는 그런 큰 행복과 아울러 의무를 우리는 흠씬 즐길 수 있는 것입니다.

하나, 이런 아가는 턱이 좀 다릅니다. 어머니가 시집온 지 뒤 달 만에 빠진 아가요, 그는 바로 개밥의 도토립니다. 뉘라고 제법 다정스러운 시선 한 번 돌려 주는 이 없습니다.

아가는 고집이 된통 셉니다. 그래도 제 권리를 마구 행사하고자 기를 까륵까륵 씁니다. 골치를 찌푸리고 어른은 외면합니다. 울음도 한이 있습니다. 얼마 후에는 근력이 지치고 목은 탁 잠깁니다. 밤톨만한 두 주먹을 턱밑에다 꼬부려 붙이고 발로 연해 공중을 찹니다. 그제서야 찍찍

하고 생쥐 덫에 친 소리가 들립니다.

"에에이."

할머니는 옆을 지날 적마다 이렇게 혀를 찹니다. 뿐만 아니라 어머니가 못 보면 눈도 곧잘 흘깁니다.

할아버지는 사람이 좀 내숭합니다.

"아 애, 그 젖 좀 먹여라, 그렇게 울려 되겠니?"

하며 겉면에는 아주 좋은 낯을 합니다. 마는, 마누라와 단둘이 누우면 이불 속에서 수군거립니다.

"마누라, 이거 귀 아파 못 살겠구면!"

"나두 귀청이 떨어졌는지 귀가 먹먹하다우, 그러니 이를 어쩐담!"

"내다 버릴까? 남의 자식 그깐 걸 뭘 하나!"

이런 흉계가 가끔 벌어집니다.

어머니는 이 속을 전혀 모릅니다.

알기만 하면 단박,

"누구 자식은 사람이 아니람? 아이 우서라, 별일도 다 많으이!"

하고 시어미에게 복복 들이 덤빌 것입니다. 모르니까 잠자코 아가 옆에 앉아서 옷만 꼬맵니다. 그렇다고 아가가 귀여운 것도 아닙니다. 나오너라 나오너라, 이렇게 빌 때 아가가 귀엽습니다. 나오지 말아라, 제발 죽어라, 죽어라, 요렇게 속을 졸일 제 나오는 아가는 귀엽지 않습니다. 도리어 이유 없는 원수라 하겠지요. 아가가 빽빽 울 적마다 그 어머니는 얼굴이 확확 답니다. 어느 때에는 너무 무참하여,

"어서 죽어라, 아니꼬운 꼴 못 보니?"

하고 아가에게 악을 빡 씁니다. 이것도 빈정대는 시어머니를 빗대 놓고 약간 골풀이노 됩니다.

아가를 진정으로 사랑하는 이는 외조부 한 분이 있을 뿐입니다. 간혹 찾아올 적이면 푸른똥이 덕개덕개 눌러 붙은 아가의 궁둥이를 손에 쳐

들고 얼고 빨고 좋아합니다. 그러면 아가도 그 때만은 좋다고 끌꺽끌꺽 바로 웃습니다.

외조부. 그는 사람이 썩 이상합니다. 커다란 딸이 있건만 시집을 안 보내지요. 젖이 폭 불거지고 얼굴에 여드름까지 터져도 그래도 안 보내지요. 그 속이 이렇습니다. 딸을 낳아 가지고 그냥 내줄 게 뭐야. 앨 써 길렀으니 덕 좀 봐야지. 부자놈만 하나 걸려라. 잡은참 물고 달릴 터이다. 그러나 부자가 어디 제멋 안 부리고 이런 델 뭘 찾아 먹으러 옵니까. 부자는 좀더 부자를 물어 보려고 느무는* 것이 원칙이니 좀체 해 볼 수가 없었습니다. 괜히 딸의 나이만 더끔더끔 늘어갑니다.

그러자 한 번은 아버지가 눈이 둥그랬습니다. 그간 그런 줄 몰랐더니만 눈여겨보매 딸의 배가 무시로 불쑥불쑥 솟습니다. 과년한 색시라, 배가 좀 부르기도 예사입니다. 하나, 아버지야 어디 그렇습니까. 처녀의 몸으로 아이를 빠친다든지 하면 그런 망측이란 세상에 없습니다. 허, 아주 야단났습니다.

밤이 이슥하여 넌지시 딸을 불렀습니다.

"너 요새두 몸허느냐*?"

"네."

딸은 순색으로 대답하고 고개를 폭 숙입니다. 그러니 애비 체면으로 너 이래저랬지, 하기도 좀 어색합니다. 어떻게 되려는가 그대로 내버려 두었습니다.

날이 갈수록 배는 여일히 불러옵니다. 예전 동이같이 되었습니다. 이러고 보면 의심할 건덕지가 없습니다. 대뜸 매를 들고 딸을 사뭇 내리 팹니다. 하니까 그제서야 겨우 부는데, 어떤 전기 회사 다닌다는 놈인가 하고 둘이 그 꼴을 만들었던 것입니다. 잘만 하면 만 원이 될지, 이

---

* 느물다 말이나 행동을 흉물스럽게 하다.
* 몸하다 월경을 치르다.

만 원이 될지 모르는 이 몸이다. 복을 털어도 분수가 있지 그까짓 전기 회사놈허구! 그는 눈에서 피눈물이 날 지경입니다. 즉시 아들을 시키어 그놈을 붙들어 왔습니다. 칼라머리를 훔켜잡고 방치*로 꽁무니를 막 조겼습니다. 그리고 식칼을 들고 들어와 너 죽고 나 죽자고 날뜁니다. 신주같이 위하던 남의 밥줄을 끊어 놨으니 하긴 죽여도 시원치는 못하겠지요. 어찌 혼이 났던지 그놈은 그 길로 도망을 간 것이 어디로 갔는지 종적을 모릅니다. 제 어머니만 뻔질 찾아와서 내 아들 찾아 놓으라고 울고불고 악장을 치다 가고가고 합니다.

그러니 일만 점점 난처하게 됩니다. 그놈이나 그대로 두었더라면 사위라도 삼을걸! 우선 이 애를 어떻게 처치해야 옳겠습니까. 낙태할 약은 암만 사다가 퍼부어도 듣지를 않습니다. 이제는 별도리 없습니다. 아무 놈이나 하나 골라서 처맡기는 수밖에는요.

그는 소문을 놓았습니다. 내가 늙판이고 손이 놀아서 퍽 적적하다. 그래 데릴사위를 하나 고르는데 아무것도 안 보고 단지 놈 하나만 튼튼하면 된다고.

이 말을 듣고 무척 놀란 것은 필수입니다. 저녁을 먹다 말고 수저를 든 채 벙벙하였습니다. 너무 좋으니까요.

그도 장가는 들었었으나 사 년 만에 아내가 도망을 했습니다. 제만은 가랑이가 찢어지게 가난한 이 따위 집에는 안 살겠다는 거겠지요. 그 후로 아내 없이 오 년간 꼬박 홀로 지냈습니다. 나이 이미 삼십을 썩 넘고 또 돈 없고 보니 계집 얻기가 하늘의 별따기입니다. 숫색시요 게다가 땅까지 오십 석을 붙여 준다니 참으로 이거야……

"아버지, 정말이에요?"

"정말이지 그럼, 실없는 소리겠니!"

---

* 방치 다듬잇방망이.

하고 늙은 아버지는 장죽을 뻑뻑 빨며 무엇을 생각합니다.

"별소리 말구 시키는 대로만 해, 이거 필경 우리 집안이 되려는 징존가 보다!"

어머니는 옆에서 이렇게 종알거리며 귀를 답니다.

"그런데 한 번 보자는걸, 가품도 안 보고 지체도 안 보고 단지 신랑 하나만 보자는 거야."

하고 아버지는 눈을 지그시 감습니다. 암만해도 자식의 나이가 탈입니다. 일껏 침을 발라 놨다가 이놈은 늙었다고 퇴박을 받는 나절에는 속쓰린 경우를 만날 것입니다.

"낼 가서 나일 좀 줄여 봐라, 저게 상업학콘가 뭘 졸업했다니까 그래도 썩 고를 것이야."

"상업학교요?"

더욱 놀라운 소립니다. 이건 바로 콧등에 가 꿀떡이 떨어졌습니다.

필수도 전일에는 인쇄소 직공이었습니다. 십 년이나 넘어 근고*를 닦았고, 따라 육십 원이란 좋은 월급까지도 받아 보았습니다. 그러다 불경기로 말미암아 직공을 추리는 바람에 한몫 끼어 떨려나고 말았습니다. 라고 하는 건 그놈의 원수 혼또로 돈또로를 모르기 때문입니다. 이런 아내와 마주앉아서 매일 지껄이고 배우고 하면 한 서너 달이면 터득하겠지. 몹시 기쁩니다. 하나, 요새 계집애 학교 좀 다니면 대학생 달랍니다. 필수같이 판무식의 실업자는 원치 않겠지요.

"아버지, 학교 다녔다면 거 되겠어요?"

아들은 똑같은 말을 펄쩍 물으며 입에 침이 마릅니다. 밤이 늦었으나 잠도 잘 생각이 안 납니다. 돈 없어 공부 못 한 원한, 직업 없는 설움. 참으로 야속도 합니다. 한껏 해야 고물상 거간*으로 다니는 아버지의

---

* 근고(勤苦) 부지런히 일하고 수고롭게 애씀.
* 거간(居間) 중간에서 흥정을 붙이는 일, 또는 그런 사람(거간꾼).

봉죽이나 들고 이대로 한평생 늙어지려는지!

　여기에는 아버지 역시 딱하지 않을 수 없습니다. 그는 이윽고 허연 수염만 쓰다듬고 앉았더니 '될 수 있다.' 하고 쾌히 대답합니다. 이런 생각을 한 것입니다. 그의 내종사촌이 바로 의사입니다. 하여 친척간에 그이만큼 대우받는 사람이 없고 그이만큼 호강하는 사람은 문내에 없습니다. 과연 세상에 판치기로 의사 빼고 다시 없겠지요.

　"너, 낼 가서 의사라구 그래라."

　혼인에 빈말이 없지 않을 수 없습니다. 아따 한번 얼러 봐서 되면 좋고 안 되면 하릴없고 그뿐 아닙니까.

　그 이튿날 아버지는 조반도 자시기 전에 부리나케 나왔습니다. 그래서 그 주인에게 사실을 토파하고 간청하였습니다. 자기 다니는 고물상에 빌려 놓았던 세루 두루마기와 가죽 가방과, 또는 의사가 흔히 신는 우녀 같은 반화, 이 세 가지를 한나절만 빌리기로 하였습니다. 집에 돌아왔을 때에는 아들은 몸치장을 다 하고 있습니다. 머리에 기름도 바르고 얼굴에 분도 바르고 하였습니다. 그러니까 좀 앳되게 보입니다.

　"얘, 호사한다, 어여 입고 가 봐라."

　어머니가 두루마기를 입혀주니 아들은 싱글벙글 흥이 말 아닙니다. 색시도 색시려니와 세루란 난생 처음 걸쳐 보니까요.

　"이게 뭐야, 화장*도 길구 쿨쿨렁렁하니!"
하고 아들은 팔짓도 하고 고갯짓도 하고 몸을 뒤틉니다. 좋기도 하지만 좀 멋쩍은 생각도 드는 까닭입니다.

　"이 자식아, 이젠 지각 좀 나라."

　아들이 나이 분수로는 너무 달망댑니다*. 이게 또 가서 주책없이 지껄이지나 않을까 아버지 역시 한 염려입니다.

---

* 화장　저고리 깃고대 중심에서 소매 끝까지의 길이.
* 달망대다　침착하지 못하고 가볍게 자꾸 까불다, 달랑거리다.

"괜찮아, 점잖은 사람이란 으레 옷을 넉넉히 입는 법이야!"

그리고 대문간까지 나와 손수 인력거를 태워 줍니다. 인력거꾼에게 삯을 사십 전 미리 꺼내 주며 좀 아깝습니다.

자기는 거간질로 벌어야 하루에 끽 사십 전 벌까말까 합니다. 이 돈이 보람없이 죽지나 않을까 하여,

"시방 병원 가는 길에 들렀다구 그래라."

하고 다시 다지다가 또,

"가친이 가보라 해서 왔다고 그래, 괜스리 쓸데없는 소리는 지껄이지 말고."

아들은 빌린 가방을 옆에 끼고 거만히 앉아 갑니다.

딴은 아버지의 말이 용하게 들어맞습니다. 그 날 저녁으로 색시 집에서 일부러 전갈이 왔습니다. 그런 훌륭한 신랑은 입때 보질 못했다는 것입니다. 혼인이란 식기 전 단결에 치러야 한다. 낼이라도 곧곧 해치우는 게 어떠냐고 그들은 좋으며 말며 여부가 없습니다. 전갈 온 그 사람에게까지 머리를 수그리며 굽신굽신 처분만 바랄 뿐입니다. 한편으로는 한 염려도 됩니다. 신랑감만 뵈고 말자던 노릇이 그만 간구한* 살림까지 드러나고 말았습니다. 이러다 뒤가 터지기 전에 얼른 해치우는 수밖에 별도리 없겠습니다.

나흘 되는 날, 혼인은 부랴부랴 벌어집니다.

양식거리도 변변치 못한 판이니 혼비가 어서 납니까. 생각다 못하여 일가집으로 혹은 친구의 집으로 목이 말라서 돌아다니며 빚을 냈습니다. 한 달포 후에 갚기로 하고 사십 원 가량 만들었던 것입니다. 마는 인조견 나부랭이로 금침이라, 옷이라, 또는 음식이라 이렇게 벌이고 보니 그도 모자랍니다. 인함 몰라도 이왕 하려면 저 쪽에 흉집히지 않을

| * 간구(艱苟)하다 가난하고 구차하다.

만큼은 본때 있게 하여야 그만한 덕을 보겠지요. 혼인 당일에도 늙은 양주는 꼭두새벽같이 돈을 변통하러 나갔습니다. 늦은 가을이라 찬바람이 소매 끝으로 솔솔 기어듭니다. 마누라는 으스스 몸을 떨며 영감을 바라보고,

"이거 이렇게 빚내다가 못 갚으면 어떻게 하려우?"

무던히 애가 큽니다. 그러나 영감님은 아주 뱃심이 유합니다. 고개도 안 돌리고 어청어청 걸어가며,

"이 구녁 털어 저 구녁에 박는 셈인데 뭘 그래, 다 게 있고 게 있는걸!"

필수가 일어났을 때에는 집안이 떠들썩합니다. 잔치를 벌이느라고 음식타령에 흥이 나겠지요. 먼촌 일가며 동리 계집아이들 할 것 없이 먹을 콩이나 생겼는지 웅게중게 모인 모양 같습니다.

그는 일변 기쁘면서도 좀 미진한 생각도 듭니다. 이번 혼인이 이렇게 열린 첫 동기는 오십 석 땅입니다. 그런데 장인될 상투배기의 낯짝을 뜯어 보니 아마 구두쇠 같습니다.

필수가 방으로 들어가서 그 앞에 절을 껍신 하고,

"제가 김필숩니다."

하고, 어른이 보내서 왔다는 그 연유를 말하니까 그는 늠름히,

"으, 그러냐, 거기 앉아라."

하고 제법 따라지게 해라로 집어 셉니다. 상투는 비록 희었을망정 그 태도가 여간 치어난 내기가 아닙니다. 이런 이야기 저런 이야기 벌여 놓다가,

"그래 의사질을 많이 했다니 돈 좀 모았느냐?"

"몰 거야 있겠습니까마는 그저 돈 만은 됩니다."

"허, 꽤 모았구먼!"

하고 똑바로 쳐다보며 선웃음을 치는 양이랑, 또는

"병원 일이 바쁠 터이니 어서 가 봐라."

하고 국수도 한 그릇 대접 없이 그대로 내쫓는 솜씨랑 좀체 친구는 아닙니다. 필수는 제출물에* 질리어 무한한 생각과 아울러 어떤 염려도 생깁니다. 마치 무슨 범굴이나 찾아든 듯한 그런 허전한 생각이요, 하고 그 꼬락서니가 땅 오십 석커녕 헌 버선 한 짝 막무가낼 듯싶습니다.

그러나 사모를 떡 쓰고 관대를 걸치고 사인교에 올라앉으니 별생각 없습니다. 색시가 원 어떻게 생겼을까 궁거운* 그 초조밖에는. 이러다 혹시 운이 좋아 매끈하고 똑딴 그런 계집이 얻어 걸릴지 누가 압니까.

그는 색시 집 중문에서 매우 점잖이 내렸습니다. 어젯밤부터 제발 치신없이 까불지 말고 좀 듬직이 하라는 아버지의 부탁은 아직 잊지 않습니다. 우좌를 부리며 조금 거만스레 초례청으로 올랐습니다. 하지만 맘이 간지러워서 더는 못 참습니다. 얼핏 시선을 휘두르며 마루 한편에 눈을 깔고 섰는 신부를 흘낏했습니다. 그리고 이건 몹시 낭판이 떨어집니다.

누가 깔고 올라앉았는지 모릅니다. 얼굴은 멋없고 넓적합니다. 디룩디룩한 살덩이. 필시 숟가락이 너무 커서겠지요. 쭉 째진 그 입술. 떡을 쳐도 두 말은 칠 법한 그 엉덩판. 왜 이리 떡 벌어졌을까요. 참으로 어지간히 못도 생겼습니다. 한 번만 보아도 입맛이 다 홱 돌아갑니다. 하긴 성적*을 하면 색시의 얼굴이 좀 변하기도 합니다. 도리어 맨 얼굴로 볼 제가 좀 훨씬 날지도 모르지요.

제발 적선하는 셈치고 원 얼굴은 좀 예뻐 줍소사, 신랑은 속으로 이렇게 축원하며 신부에게 절을 합니다.

이 혼인이 어떻게 되는 것인지 당자도 영문을 모릅니다. 신랑상이면 으레 한몫 호사를 시키는 법이 아닙니까. 그런데 차린 것을 보니 헐없

---

* 제출물에 제가 생각나는 대로.
* 궁겁다 궁금하다.
* 성적(成赤) 신부의 얼굴에 분을 바르고 연지를 찍는 일.

이 행랑어멈 제사 지내는 번으로 삼색 실과에 국수, 편육, 김치, 장, 종지 나부랭이뿐입니다. 이건 사람 대접이 아니라 바로 개 대접. 불쾌하기 짝이 없습니다. 봐한즉 기와집에 면주쪽을 들쓰고 있는 사람들이 그래 이럴 수야 있겠습니까. 게다, 속은 거짓이로되 의사라 하였으니 그 체면도 봐 주어야 할 것입니다.

저녁상은 받은 채 그대로 물렸습니다. 쭈쩍거리는 것이 오히려 치수가 떨어질 듯해서요. 신방을 치를 때에도 마음 한편이 섭섭합니다. 왜냐면 신방이라고 지키는 연놈 코빼기 하나 구경할 수 없습니다. 이건 결단코 신랑에 대한 대접이 아닙니다.

그는 골피를 찌푸려가며 색시의 옷을 벗겼습니다. 이젠 들어다 자리에 눕혀야 됩니다. 두 팔로 그 다리와 허리를 떠들고 번쩍 들려 하니 원체 유착하여* 좀체 비끗도 안 합니다. 그대로 웅크리고 앉아서 무릎과 어깨를 비껴대고 밀긋밀긋 아랫목으로 떠다밉니다. 그러니까 어떻게 된 색시길래 제가 벌떡 일어납니다.

서슴지 않고 자리로 성큼성큼 내려가더니 제법 이불을 뒵쓰고 반듯이 눕는 것입니다. 에쿠, 이것도 숫건 아니로구나! 하고 뜨끔했으나 따져 보면 변은 아닙니다. 계집애가 학교를 좀 다니면 활기도 나고 건방지기가 예사니 그렇기도 쉽겠지요. 이렇게 풀쳐* 생각하고 그도 그 옆에 가 붙어 눕습니다.

그는 아내를 끌어안고자 손을 들이밀다가 문득 배에 가 닿습니다. 눈을 크게 뜨고 다시 한 번 이리저리 주물러 보았습니다. 이건 도저히 처녀의 배때기는 아닙니다. 어디 처녀가 이다지 딴딴하게도 두드러오를 수야 있겠습니까. 정녕코 병든 배에 틀림없습니다.

"이게 뭐요?"

---

* 유착하다 매우 투박하고 크다.
* 풀치다 맺혔던 마음을 돌려 너그럽게 용서하다.

"뭘 알아 뭘 하우!"

색시는 눈 하나 까딱없이 순순히 대답합니다. 번죽도 좋거니와 더구나 뭘 알아 뭘 하우? 아니, 적어도 한평생 같이 지낼 남편인데 —— 옷을 입혀 줄 남편, 밥을 먹여 줄 남편 ——그 남편이 묻는데 뭘 알아 뭘 하우? 콧구멍이 둘이게 망정이지 하나만 있었다면 기절을 할 뻔했습니다.

"아니, 남편이 묻는데 알아 뭘 하다니?"

"차차 알지요……."

애, 이건 바로 수작이 기생 외딴치는구나!* 하나, 이것이 본시 땅 때문에 어르고 붙은 결혼이매 그리 낙망될 것도 없습니다. 아따, 빌어먹을 거 하필 처녀라야 맛입니까. 주먹을 쥐어 그 배를 툭툭 두드리며,

"에, 그놈 배 복성도 스럽다!"

좋은 낮으로 첫날을 치렀습니다.

시부모는 이 부른 배에 대하여 아무 불평도 없습니다. 시체 색시니만큼 이놈 것 좀 뱄다가 저놈 것 좀 뱄다가 하기가 그리 욕은 아닙니다. 저만 똑똑해서 자식이나 잘 기르면 그만 아닙니까. 물론 그 속이 좀 다르니까 이런 생각도 하지만요. 하기야 성한 색시 다 제쳐놓고 일부러 병든 계집애를 고를 맛이야 없겠지요.

신부례를 하여 색시가 집에 당도하자 그들은 상감님이나 만난 듯이 무척 반색합니다. 어찌나 얼고 떠는지 상전을 위하는 시종의 충성이 그대로 나타납니다. 며느리가 가마에서 내리기가 무섭게 달려들어 그 곁을 고이 부축하며,

"너무 시달려서 괴롭겠다. 얼른 방에 들어가 편히 누워라."

시어머니는 이렇게 벌써 터줍니다. 시아비도 덩달아 빙그레 웃으며,

"아 그렇지, 몸이 저지경이면 썩 괴로울걸."

＊ 외딴치다 (태껸과 같은 놀이에서) 혼자 판을 치다.

하고 되려 추어 주며 은근히 그 내색을 보입니다. 있는 집 색시란 본이 다 그런지요. 이 며느리도 매우 시큰둥합니다. 시집온 지 사날도 채 못 되건만 해가 꽁무니를 치받쳐야 일어나곤 합니다. 거침없이 기침도 하고 가래를 뱉지요.

그 때는 시어머니가 벌써 전부터 일어나 아침을 합니다. 없는 돈을 긁어 가며 며느리 입에 맞도록 찬을 합니다. 김을 굽니다. 고깃국을 끓입니다. 혹은 입맛이 지칠까 봐 간간 떡도 합니다. 그전에야 어디 감히 함부로 김이 뭐며 떡이 뭡니까.

상을 받쳐 들고 방으로 들어가면 그제야 며느리는 궐련쯤 피다가 방바닥에 쓱 문대 끕니다.

"애들 밥 먼저 먹구 세수해라."

며느리는 밥상을 이윽고 들여다봅니다. 그러나,

"오늘두 또 명태국이에요?"

하고 눈살을 흐리며 마땅치 않은 모양입니다. 모처럼 공을 드린 게 또 퇴박이냐! 낭판이 떨어져서 풀이 죽습니다. 어제는 명태국이 먹고 싶다더니 왜 이리 입맛이 들쑹날쑹하는지 그 비위는 맞추기 참으로 졸연치* 않습니다.

"이거 내가구 숭늉을 떠다 주세요."

영 내리는 대로 잠자코 떠다 줄 따름입니다. 그 성미를 덧들였다 삐죽 간다든지 하면 그야말로 큰일날 거니까요.

며느리는 옷을 자랑하는 재주가 하나 있습니다. 친정에서 옷 한 농 해 온 것을 가끔 헤집어 놓고,

"저의 집에서는 모두 면주 삼팔*이 아니면 안 입어요."

하고 시퉁그러진 소리를 하며 빈죽거립니다. 그 꼴이라니 두 눈 갖곤

---

* 졸연(猝然)하다 쉽게 할 수 있는 상태에 있다.
* 면주 삼팔 면주는 명주, 삼팔은 중국산 명주인 '삼팔주'를 말함.

차마 못 보지요. 하나 미상불* 귀히 자랐길래 저만이나 하려니 하고,

"암 그럴 테지. 느 집이야 그렇다마다 여부 있겠니!"

쓰린 속을 누르며 그런대로 맞장을 쳐줍니다.

그러자 시집을 갔던 딸이 또 찾아옵니다. 기를 못 펴고 자란 몸이라 핏기 하나 없고 곧 넘어갈 듯이 가냘픕니다. 나이는 미처 삼십도 못 되련만 청춘의 향기는 전에 나르고 빈 쭉정입니다.

"어머니, 인젠 더 못 살겠어요."

하고 손을 붙들고 눈물을 떨굽니다. 웅크러 문 그 입매를 보니 부모를 몹시 원망하는 눈칩니다.

"왜, 또 맞았니?"

"더는 못 살아요!"

그리고 어미 품에 머리를 파묻고 다만 울 뿐입니다.

어미는 더 묻지 않아도 뻔한 속입니다. 영감을 곧바로 깨물고 싶을 만큼 그런 호된 미움이 불일듯 합니다. 백주에 열네 살짜리를 서른일곱 먹은 놈에게로 다섯째 애첩으로 보내다니 이야 될 말입니까. 만여 석지기니깐 하불상* 백 석쯤이야 떼어 주겠지 하고요. 했더니 덕은 고사하고 고작 딸 얼굴에 꽃만 노랗게 피었습니다. 게다, 놈이 술을 처먹으면 곱게 못 삭이고 개지랄이 납니다. 그리고 차고 또는 벌거벗겨 놓고 사면 물고뜯고 이 지랄이니 세상에는 온 이런 망측이……. 하나, 모두가 네 팔자다…….

"우지 마라. 필수 처 들으면 창피스럽다. 쉬, 그만둬."

딸의 손목을 굳이 끌고 상우레*를 시키러 건넌방으로 건너갑니다.

딸이 시집을 못 살고 쫓겨옴은 어미로서 지극히 큰 슬픔에 틀림없습

* 미상불(未嘗不) 아닌게아니라.
* 하불상 적어도.
* 상우례(相遇禮) 신랑이나 신부가, 처가나 시가의 친척과 처음 만나 보는 예식.

니다. 그는 딸을 앞에 앉혀 놓고 때없이 꼴짝꼴짝 눈물로 위로합니다.

"얘, 별수 없다, 시집살이란 다 그런 거야."

하고 눈물도 씻겨 주고,

"계집된 게 불찰이지 누굴 원망하랴."

하고 제 눈도 씻고, 어느 때에는 궐련까지 피워 권하며,

"담배를 배워라, 그럼 화가 좀 풀리니."

이렇게 잔생이* 달래도 봅니다. 그러나 밤에 자리 속에서 영감을 만나면,

"에이 망할놈의 영감, 덕본다더니 요렇게두 잘 봤어."

하고 창이 나도록 바가지를 복복 긁습니다. 그러면 영감은 눈을 멀뚱히 뜨고 딱하지요. 그래도 한 다리 뻗을 줄을 알았지 애비치고 누가 딸 얼굴에 노란꽃 피라고 빌 놈이 있겠습니까.

"허, 이러는 게 아냐. 누가 영감 수염을 채나."

하고 되레 점잖이 나무랍니다. 독살이 불꽃같이 뻗친지라 이젠 등을 투덕투덕 두드리며 목주머니를 만들자면 땀깨나 좋이 빠집니다.

하나 늙은 몸으로 며느리 봉양하기에 실없이 등골이 빠졌습니다. 어차피 딸도 오고 했으매 네가 좀 찬이라도 입에 맞도록 해서 주라고 밥 짓기와 상배(상차리기)를 떠넘겼습니다. 딸은 계집애 적부터 원체 성질이 꼼합니다. 게다, 흉악한 남편을 만나 몸이 휘지다 보니 이젠 빈껍데기만 남은 등신입니다. 그저 시키는 대로 고분고분히 일만 할 뿐입니다. 또 한편 생각하면 친정밥처럼 얻어먹기 어색하고 눈치 뵈는 밥은 별로 드무니까요.

하루는 모질게 추운 겨울입니다. 된바람이 처마 끝에서 쌩쌩 달리며 귀를 엡니다. 그리고 부엌으로 연상 눈을 들여 뿜습니다. 낡삭은 초가

---

* 잔생이 애걸복걸하는 모양.

집이라도 유달리 추울 거야 있겠습니까. 마는, 본디 가이 찢어지게 가난하면 추위도 꽁무니에서부터 치뻗치는 법입니다.

딸이 새벽같이 일어나 나오니 속이 어지간히 떨립니다. 손을 혹혹 불며 찬물에 쌀을 씻고 있노라니,

"여보, 이 요강 좀 버려다 주!"

하고 건넌방에서 올케가 소리를 지릅니다. 날씨가 너무 심한지라 오늘은 요강도 안 내놓고 그러는 게지요. 잘 하는 버릇이라 여느 때면 잠자코 버려다 줄 것이로되 이 날만은 밸이 좀 상합니다. 저는 뭣인데 손끝 하나 까딱 안 하곤 밖에서 떨고 있는 나를 부리며 요 거드름인지! 그는 대꾸도 않고 그냥 귓등으로 흘렸습니다. 하니까 뭐라고 종알거리는 소리가 제법 흘러나옵니다. 자세히는 아니 들리나 필경 악담이나 그렇잖으면 욕설이 한껏이지요.

겨우 밥을 끓여서 상에 받쳐 들고 들어갑니다. 올케는 눈귀가 처지며 거들떠보지도 않습니다. 그리고 시뉘가 채 나가기 전에 밥 한 술을 얼른 떠넣고 씹더니,

"이것두 밥이라구 했나? 돌만 어적거리니!"

하고 상전에다 숟가락을 딱 때립니다. 너무나 꼴불견이라 눈이 다 실눈룻입니다. 하도 어이없어 한참 내려보다가,

"그만도 다행으로 아우, 나가서 좀 해 보구려."

"추우면 밥도 안 먹습니까?"

"……."

"여느 몸도 아닌데 좀 사정도 봐 줘야지? 자기도 애나 좀 배 봐!"

기막힐 일이 아닙니까. 어느 놈의 자식을 뱄길래 이리 큰첸지 영문모르지요. 요즘에는 어머니에게도 마구 바락바락 들이덤비는 세 그 행실이 꽤 발막스럽습니다.

"배란 아이를 뱄수, 왜 이리 큰체유."

하고 낯을 붉히며 아니 쏠 수도 없습니다. 하니까 대뜸,

"뭐?"

소리를 빽 지르자 들이덤벼 머리채를 휘어잡고 끌어당기더니 땅방울을 서너 번 먹입니다. 넓은 그 얼굴에는 심술이 덕지덕지하여 한참 씨근거립니다.

"난 우리 집에서 여태 이런 꼴 못 봤어!"

시뉘는 원 병약한 몸이라 암팡할 근력도 없거니와 또 그럴 주변도 못 됩니다. 몇 번 두드려 맞는 대로 그냥 몸만 맡길 뿐입니다. 그리고 나중에는 아픔보다도 제 신세가 서러워 소리를 내며 엉엉 웁니다.

안방에서 아침을 자시고 있던 영감이 역정이 나서 문을 벌컥 엽니다.

"왜 또 형을 들컥거리니*, 이년?"

하고 며느리를 편역 들어 도리어 딸을 책합니다. 제대로 둬 두었으면 그만일 텐데, 왜 들컥질을 하는지 원 알다 모를 일입니다. 가뜩이나 요새 툭 하면 이 고생살이 안 하고 가느니마느니 하는 걸! 열이 나서 딸을 불러세우고 며느리 덕 못 보는 화풀이까지 얹어서 된통 야단을 쳤습니다. 어찌 혼이 떴던지 딸은 한을 먹고 그 길로 든벌*째 친정에서 내뺐습니다. 아버지가 내 신세를 망쳤으니 그런 줄이나 알라고 울며 갔습니다.

마누라가 이 꼴을 가만히 보고 있자니 독이 바짝 오릅니다. 자기도 처음에야 갖은 정성을 다 짜가며 며느리를 받들었으나 인젠 그만 냄샐 내고 말았습니다. 덕을 보잔 노릇이 덕은커녕 바꿔치기로 뜯기는 마당에야! 참으로 우습지도 않습니다. 한 번은 아들을 시켜 수작을 얼러보게 하였던 것입니다. 제물로 오기만 기다렸다는 땅이 어느 때나 올는지 부지하세월이니까요.

"우리가 넉넉하면 몰라도 그렇지 못하고, 또 장인께서 어차피 땅 오

---

* 들컥거리다 불쾌한 말로 자꾸 남의 비위를 거슬리게 건드리다.
* 든벌 집에 있을 때 주로 입는 옷이나 신는 신 따위.

십 석을 주신댔으니 이왕이면 가서 말씀이나 한 번 해 보구려!"
하고 남편이 여쭐 떼 보니까 아내도 역시 좋단 듯이,

"글쎄, 나두 그런 생각은 있으나 빈손으로야 어디……."
하고는 뒷말을 흐립니다. 아닌게아니라, 하긴 그럴 법도 합니다. 좋은
잉어를 낚으려면 미끼 먼저 좋아야 할 게 아닙니까.

"그럼 뭘?"

아내는 눈을 감고 뭘 조금 생각하는 듯하더니,

"그 유성기*를 가져갔다 들려 주는 게 어떻겠수? 아버지가 완고가
돼서 그런 걸 좋아하리다."

그 유성기란 고물상에 팔아 달라는 부탁을 받고는 이 날 낮에 아버지
가 갖다 논 남의 물건입니다. 판까지 얼려 잘 받아야 십오 원 될까말까
하는 그 또래 고물입니다. 이걸 새치길 하잔 것인데, 아따 그 뭐 어디
상하는 것도 아니고 닳는 것도 아닙니다. 낼 아침에는 가져오라고 신신
당부를 하여 맡겨 보냈습니다. 그래서 저녁에 가서 그 이튿날 낮에야
오는데 보니까 빈손입니다.

"어떻게 됐어?"

"그렇게 빨리 되우, 인저 천천히 주신답디다."

단지 그뿐, 유성기는 어찌 되었는지 꿩 구워먹은 듯 쓱싹 되고 말았
습니다. 그것 때문에 빚으로 무리꾸럭을 하느라고 집안이 숱해 욕도 보
았지요. 이렇게 보니까 덕을 본다는 것이 결국 병신 구실로 뜯긴다는
말이나 진배없지요. 마누라는 며느리가 미워 죽겠으나 차마 그러지 못
하고 그 대신 영감에게로 달라붙습니다.

---

* 유성기(留聲機) 레코드에 홈으로 새겨진 음의 기록을 음파로 재생하는 장치.

유성기

"이렇게두 덕을 잘 봤어? 딸 잡아먹고 아들까지 잡아먹을 테여, 이 망난아?"

"허, 이러는 게 아니라니까, 누가 영감을 꼬집나?"

영감도 입에 내어 말은 안 하나 속은 늘 쓰립니다. 친정이 좀 있다고 나날이 주짜만 심해 가고 행실이 점점 버릇없는 며느리를 보면 속이 썩습니다. 물론 이 모두 자기가 벌여 논 탓이겠지요. 하나, 기왕 엎친 물이라 이제는 어째 본다는 재주가 없습니다. 그는 가끔 며느리를 외면하여 침을 탁 뱉고는 '잉' 하고 콧등에 살을 모으고 합니다.

아들은 차차 아내가 귀여워집니다. 딴은 얼굴이 되게 못도 생기고 그놈의 땅 오십 석은 침만 바르다가 이내 삼키지도 못하고 말았습니다. 마는, 그런 게 아닙니다. 나이 이미 사십 고비를 바라보고 더구나 홀아비의 몸일진대 아내라는 이름만 들어도 괜찮습니다. 게다, 밉든 곱든 한두어 달 동안 같이 지내다 보니 웬 녀석이 정이 그리 부풀었던지 떼칠 수도 없는 형편입니다.

어머니가 부엌으로 끌고 가서 은근히,

"애, 그거 보내라. 어디 계집이 없어서 그걸 데리고 산단 말이냐?"

하고 초를 치면,

"글쎄요……."

하고 어리뻥뻥한 한 마디로 심심히 치고 맙니다.

하기는 아들도 아내와 된통 싸운 적이 없는 것도 아닙니다. 장가를 든 지 한 달쯤 지난 어느 날입니다. 아내라고 얻어는 놨으나 먹일 게 없습니다. 뒷심을 잔뜩 장대ㄱ* 이리저리 긁어모았던 빚을 못 갚으니 줄창 졸리는 통에 머리털이 셀 지경입니다. 어떻게 밥줄이라도 붙들어야 할 텐데, 원 이것도 되나 안 되나 우선 입들을 씻기고 나서 이야기니 적

---

* 장대다 마음 속으로 기대하여 벼르다.

게 쳐도 이삼십 원은 들어야 할 게고. 그가 툇마루 햇볕에 웅숭그리고 앉아서 이런 궁리 저런 궁리 하고 있노라니까 웬 뚱뚱한 소방수 한 자가 책을 손에 들고 불쑥 들어옵니다. 영문 모를 혼또로 돈또로를 부르며 반벙어리 소리를 하는데 무슨 뜻인지 알 턱 있습니까. 마침 방 안에 아내가 있음을 다행으로 여기고,

"여보, 이게 뭐란 소리유? 이리 와 대답 좀 하우."
하며 신여성을 아내로 둔 자세를 보이려니까,

'아이, 망측두 해라, 누가 아내 보구 남의 사내 대답을 하래!'
하고 성을 냅니다.

"괜찮아, 학교두 다녔을라구!"
그래도 방 안에서 꼼짝 안 하고 종알거립니다. 대마도는 한참 벙벙히 섰더니, 결국엔 눈을 딱 부릅뜨고 뭐라고 쏴박고 나갑니다. 제 말엔 대척 없고 저희끼리 딴소리만 지껄이니까 아마 화가 났던 게지요. 그리고 필연코 욕을 하고 나갔기가 쉽습니다. 낮이 화끈하여 얼마 후 밖으로 나와 다른 사람의 말을 들으니, 지붕 위로 굴뚝을 석 자를 올리라고요.

그는 분한 생각이 치밉니다. 그놈 상투배기에게 모조리 속은 걸 생각하고 곧 때려 죽여도 시원치 못할 만큼 치가 부르르 떨립니다. 바탕이 언죽번죽한 계집이니 제가 짜장 학교를 좀 다녔다면 장난삼아서라도 나와서 희짜를 빼겠지요*. 에이 망할 년, 그는 열병거지가 나서 부리나케 건넌방으로 뛰어들어갔습니다. 사지를 부르르 떨며,

"일어 쪼각 하나 못 하는 것이 무슨 학교를 다녔다구! 이년아!"
하고 넘겨짚으며 얼러딱딱입니다. 그러니까 아내는 잠자코 낮이 빨개집니다.

"네까짓게 학교를 다니면 값이 얼마라구!"

---

* 희짜빼다 짐짓 거드럭거리거나 거드름을 피우다.

두둑한 뺨에다 다짜고짜로 양떡을 먹입니다. 아내가 밉다기보다 모조리 속인 장인놈의 소위가 썩 괘씸하고 원통합니다.

"저는 웬 의사라고 빈 가방을 들고 왔다갔다해? 아이, 우스워라. 별
꼴두 다 많아!"

하고 그제서야 아내는 고개를 들며 입을 삐쭉입니다. 이 말은 남편의 자존심과 위풍을 똥물에 통째 흔듭니다. 잡담 제하고 왁 하고 달겨들자,

"이년, 뭐? 다시 한 번 놀려 봐."

하고 가랑이를 찢어 놓는다고 다리 한 짝을 번쩍 듭니다. 그런데 이를 어쩝니까. 아내가 나머지 다리를 마저 공중으로 번쩍 치올리며,

"자, 어서 찢어놔 봐!"

그러니 워낙 육중한 다리라 한 짝도 어렵거늘 두 짝을 한꺼번에 들고 논다는 수야 있습니까. 이럴 때에는 기운이 부치는 것도 과연 설움의 하납니다.

"에이, 더러워서!"

잡았던 다리까지 내던지며 저 혼자 정해지지요. 이러한 환경에서 아가는 나왔습니다. 동짓달 초순, 그것도 몹시 사나운 날이었습니다. 아침부터 산모가 배가 아프다고 뒷간엘 펄쩍 드나들더니, 저녁 나절쯤 하여 한데다가 빠치고 말았습니다. 그런 줄이야 누가 알았겠습니까. 별안간,

"아이구머니, 이보레!"

이렇게 꽹대기 소리를 지르므로 집안 식구가 허겁지겁 달려가 보니 아가는 발판널에 걸쳤습니다. 그럼 그렇지, 네가 자식 하나 변변히 빠쳐 보겠니! 시어미는 눈살을 찌푸리고 혀를 찹니다. 시애비도 이 꼴을 보니 마뜩치 않아서 입맛만 쩍쩍 다십니다. 그건 하여간 우선 급하니까 남편은 들이덤벼 아내를 부축하고 시어미는 아가를 두 손에 받들고 이렇게 수선을 부리며 방으로 끌어들입니다. 아가는 응아! 응아! 하고 자그마한 입으로 웁니다. 일부러 보려는 이도 없거니와 얼른 눈에 띄는

게 딸입니다.

이렇듯 흥감스럽게 나왔지만 복이 없는지 귀염을 못 받습니다. 아가를 제일 미워하는 이는 할머니입니다. 그는 뻔찔 영감을 꼬드기며 성화를 합니다. 그까짓거 남의 자식은 해 뭘 한담! 갖다 내버리든지, 죽여 없애든지 하자는 것입니다. 영감 역시 가만히 생각해 보니까 딴은 괴이치 않은* 말입니다. 남의 자식을 애써 길러야 뭘 합니까. 그걸 국을 끓입니까, 떡을 합니까. 아무 소용이 없거든요. 혹 기생을 만들면 나중에 덕 좀 볼는지 모르지요. 마는, 하가*에 그만큼 자라고, 소리도 배우고 합니까. 그 때는 벌써 전에 두 늙은이는 땅 속에서 흰 백골이 되어 멀거니 누웠을 것입니다. 하고 또 에미 딸 에미 닮지 별수 있겠습니까. 저것도 크면 필시 낯짝이 제 어미본으로 다논 떡일 테고, 성깔도 마찬가지로 발막하겠지요. 이런 생각을 하면 아가도 곧 밉고 마누라의 말이 솔깃하고 달콤쌉쌀합니다. 그랬다 경칠놈의 거 밤낮 빽빽 울고.

어느 날 낮에 어머니가 홀로 친정엘 다니러 갔습니다. 아마 담뱃값이라도 타러 갔겠지요. 그 틈을 타고 영감 마누라가 건넌방 문을 가만히 열고 들어갑니다. 아가는 빈방에 끽소리 없이 혼자 누웠습니다. 마누라의 말대로 영감은 아가를 들고자 그 앞에 넓죽 엎딥니다. 하니까 아가는 맥도 모르고 수염을 잔뜩 움켜쥐고 좋다고 신이 나서 자꾸 챕니다. 난 지 벌써 두 달이 넘으매 인제는 제법 끄윽끄윽 하고 웃습니다. 이걸 유심히 들여다보니, 죽여 치우다니 차마! 우선 먼저 얼굴을 들이대고,

"그렇지, 이 자식 사람 아나?"

하고 어르며, 고 말간 볼에다 뽀뽀를 하고 보지 아니치도 못할 노릇입니다. 그리고 일껏 먹었던 계획이 꽁무니로 스르르 녹아,

"누가 얼르라고 끌고 왔어? 왜 저리 병신 짓이여."

---

* 괴이치 않다 괴이하지 아니하다.
* 하가 어느 겨를.

마누라는 옆에서 골을 내며 쫑쫑거립니다.

"허, 안 되지, 어디 인두겁 쓰고야!"

하고 영감은 고대 따위는 까먹고 딴청을 부리며 눈을 흘깁니다.

이러기를 아마 한 서너 차례 될 겝니다.

아들은 그런 속내는 모릅니다. 그리고 딸이 예쁜지 미운지 그것조차 생각해 볼 여지가 없습니다. 매일같이 취직 운동하러 나가면 어두워서야 파김치가 되어 돌아옵니다. 기진하여 자리에 누우면 세상을 모르고 그대로 코를 곱니다. 아버지의 생기는 푼돈 냥으로는 도저히 살림을 꾸려갈 수가 없습니다. 이거 하루바삐 밥줄을 잡아야 할 텐데 참 야단입니다. 그 날도 저녁때가 되어서야 눈이 헤가마가 되어 들어옵니다. 팔짱을 끼고 우둘우둘 떨며,

"밥 좀 줘."

하다가,

"이 방엔 군불도 안 지폈나?"

아내는 대답 대신 입귀를 샐쭉 올립니다. 군불이라고 그 알량한 장작 서너 개비 지피는 거, 오늘은 그나마도 없어서 못 때니 소금을 골 판입니다. 써늘한 방바닥에서 아가까지 추운지 얼굴이 오므라든 것같이 보입니다.

남편은 곁눈도 안 뜨고 허둥지둥 밥을 떠넣습니다. 일은 하나도 성사 못 하고 부질없이 입맛만 대구 달아지니 답답한 일입니다. 같은 밥도 궁하면 배나 더 먹히고 그리고도 또 걸근거립니다. 이것도 역시 없는 욕의 하나라 하겠지요. 그는 수저를 놓고 혀끝을 위아래로 꼬부려 잇새의 밥풀을 죄다 뜯어먹고, 그러고 나서 물을 마시려니까,

"여보, 우리 애를 내다 버립시다."

하고 아내가 마주 쳐다보며 눈을 깜빡입니다.

"왜, 날 젠 언제구 또 내다 버리다니?"

"아니, 저……."

아내는 낯이 후끈한지 어색한 표정으로 어물어물합니다. 실상이지 딸은 제 딸이로되 요만치도 귀엽진 않습니다. 이것 때문에 걸려서 시부모에게 큰체를 못 해서요. 큰체를 좀 빼다가도 방에서 아가가 빽 울면 그만 제 밑을 드러내 놓고 망신을 시키는 폭입니다. 전날에 부정했던 제 죄로 말미암아 아주 찔끔 못 하고 꺾여 버립니다. 또 예쁘던 것도 모두들 밉다 밉다 하면 어쩐지 따라 밉게 되는 법이니까요.

"그런 게 아니라 이렇게 서로 고생할 게야 있수? 자식 귀한 집으로 가면 저도 호강일 테고 한데!"

이 말은 듣기에 좀 구수합니다.

"글쎄."

하고 든직히 생각하여 봅니다. 딴은 이런 냉골에서 구박만 받느니 차라리 손노는 집으로 들어가서 호강하는 것이 한결 날 겝니다. 그리고 저게 지금은 모르나 좀 자라면 되우 먹으려고 들 겝니다. 가난한 마당에는 아가의 조그만 입도 크게 무섭습니다. 또 게다가 밤이면 쩍쩍 우니까. 아따, 너도 좋고 우리도 좋고!

"좀 잘 사는 집에다 하우."

"그래, 염려 마라."

자정이 넘은 걸 알고 아내가 포대기에 싸주는 대로 아가를 받아 안았습니다. 그리고 속은 모르고 어른들이 알면 야단을 만날까 봐 슬며시 밖으로 나왔습니다.

거리에는 이미 인적이 드물고 날카로운 바람만 오르내립니다. 만물은 겹겹 눈에 드리없이* 눌리고 다만 싸늘한 흰 빛뿐입니다. 그리고 눈은 아직도 부슬부슬 내리는 중입니다.

---

* 드리없다 경우에 따라 이러기도 하고 저러기도 하여 일정하지 않다.

이런 짓에는 순사를 만나면 고만 망입니다. 그것만 없으면야 어디 가 어떻게 하든지 멋대로 할 텐데. 속을 졸이며 뒷골목을 끼고 종로로 올라갑니다. 그러나 등 뒤에서 버스럭만 하여도 이거 칼이나 아닌가 하고 얼떨떨하여 눈을 둥글거립니다.

다옥정 골목으로 들어서서야 비로소 마음을 놓았습니다. 거기 고대 깔린 눈 위에 발자국이 없음을 보니 일이 빗나갈 염려는 없겠지요. 다 방골이란 본디 기생촌이요, 따라 남의 소실이 곧잘 치가하여 사는 곳입니다. 기생이 어디 자식낳기가 쉽습니까. 젖먹이라도 하나 구하여 적적한 한평생의 심심소일을 하고자 우정 주문하러 다니는 일이 폭합니다. 그런 자리로 들어만 가면이야 그만큼 상팔자가 또 없겠지요. 허리띠를 풀어제끼고 배가 적을세라 두드려 가며 먹어도 좋을 게 아닙니까. 그렇거든 아예 내 공은 잊지 말고 나중에 갚아야 되겠지.

우선 마음에 맞는 대문짝부터 고릅니다. 어느 막다른 골목으로 들어갔더니 양칠을 하여 허울 멀쑥하고 찌르르하게 떨뜨린 솟을대문이 있습니다. 그 떠벌린 품세를 보면 모름 몰라도 벼 천이야 좋이 하겠지요. 이만하면 하고 포대기로 폭 싸 아가를 문 앞 섬돌 위에다 올려놓았습니다. 아가는 잠이 곤히 든 모양입니다. 인제 이게 추우면 깨서 쨀쨀 소리를 지르겠지요. 그러면 행랑어멈이 나와서 집어들이고 주인이 보고, 이렇게 일이 얼릴 겁니다.

그는 뒤도 돌아보지 않고 힘차게 골목을 나왔습니다. 그러나 팔짱을 끼고 덜덜 떨며 얼마쯤 오다 보니 다리가 차차 무거워집니다. 저게 울었으면 다행이지만 울기 전 얼어 죽으면 어떡합니까. 팔자를 고쳐 준다고 멀쩡한 딸만 하나 얼어 죽이는 셈이지요. 그는 불현듯 조비비하며* 그 곳으로 다시 돌쳤습니다.

---

* 조비비하다 안타까워하다.

아가는 맥 모르고 그대로 잠잠합니다. 다른 이가 볼까 봐 가랑이가 켕겨서 얼른 집어들고 얼른 나왔습니다. 바로 내년 봄에나 하면 했지 이거 안 되겠습니다. 그러고 보니 왜 집에서 나왔던지 저로도 영문을 모를 만큼 떠름합니다.

집에 갈 때에는 큰길로 버젓이 내려갑니다. 찬바람을 안느라고 얼어붙는 듯이 눈이 다 씀벅씀벅합니다. 그런데 한 가지 염려는 벗었으나 또 한 걱정이 생깁니다. 이걸 그대로 데리고 가면 필경 아내가 쨍쨍거리며 등쌀을 댈 겝니다. 그러지 않아도 요즘에 버쩍, 지가 의사라지 왜? 또는 이까짓 미화가 의사면 꾀게! 하고 건뜻하면 오금을 박는 이 판인데.

"에이, 이거 왜 나와 이 고생이야 참!"

그는 털털거리며 이렇게 여러 번 입맛을 다십니다.

"에이, 이거 왜 나와 이 고생이야 참!"

그는 털털거리며 이렇게 여러 번 입맛을 다십니다.

노다지

그믐 칠야 캄캄한 밤이었다.

하늘에 별은 깨알같이 총총 박혔다. 그 덕으로 솔 숲 속은 간신히 희미하였다. 험한 산중에도 우중충하고 구석빼기 외딴 곳이다. 버석만 하여도 가슴이 덜렁한다.

호랑이, 산골 호생원!

만귀는 잠잠하다*. 가을은 이미 늦었다고 냉기는 모질다. 이슬을 품은 가랑잎은 바스락바스락 날아들며 얼굴을 축인다.

꽁보는 바랑*을 모로 베고 풀 위에 꼬부리고 누웠다가 잠깐 깜빡하였다. 다시 눈이 뜨였을 적에는 몸서리가 몹시 나온다.

형은 맞은편에 그저 웅크리고 앉았는 모양이다.

"성님, 인저 시작해 볼라우?"

"아직 멀었네, 좀 칩드라도 침침이 해야지."

---

* 만귀는 잠잠하다 깊은 밤에 모든 것이 다 자는 듯이 고요하다.
* 바랑 중이 등에 지고 다니는 자루 같은 큰 주머니.

어둠 속에서 그 음성만 우렁차게, 그러나 가만히 들릴 뿐이다.

연모를 고치는지 마치 쇠 부딪는 소리와 아울러 부스럭거린다. 꽁보는 다시 옹송그리고 새우잠으로 눈을 감았다. 야기에 옷은 젖어 후줄근하다. 아랫도리가 척 나간 듯이 감촉을 잃고 대구 쑤실 따름이다. 그대로 버뜩 일어나 하품을 하고는 으드들 떨었다.

어디서인지 자박자박 사라지는 발자국 소리가 들린다. 꽁보는 정신이 번쩍 나서 눈을 둥글린다.

"누가 오는 게 아뉴?"

"바람이겠지, 즈들이 설마 알라구."

신청부 같은* 그 대답에 적이 맘이 놓인다. 곁에 형만 있으면이야 몇 놈쯤 오기로서니 그리 쪼일 게 없다. 적삼의 깃을 여미며 휘 돌아보았다.

감때사나운* 큰 바위가 반득이는 하늘을 찌를 듯이 뻐지억 솟았다. 그 양 어깨로 자지레한 바위는 뭉글뭉글한 놈이 검은 구름 같다. 그러면 이번에는 꿈인지 호랑인지 영문 모를 그런 험상궂은 대가리가 공중에 불끈 나타나 두리번거린다.

사방은 모두 이 따위 산에 돌렸다. 바람은 뻔질나게 구르며 습기와 함께 낙엽을 풍긴다. 을씨년스레 샘물은 노냥 쫄랑쫄랑. 금시라도 시커먼 산 중턱에서 호랑이 불이 보일 듯싶다. 꼼짝 못할 함정에 든 듯이 소름이 쭉 돋는다.

꽁보는 너무 서먹서먹하고 허전하여 어깨를 으쓱 올린다. 몹쓸 놈의 산골도 다 많어이. 산골마다 모조리 요지경이람. 이러고 보니 몹시 무서운 기억이 눈앞으로 번쩍 지난다.

바로 작년 이맘때이다. 그 날도 오늘과 같이 밤을 도와 잠채* 를 하

---

* 신청부 같다 근심 걱정이 많아서 사소한 일을 돌아볼 마음의 여유가 없다.
* 감때사납다 매우 억세고 사나워서 휘어내기 어렵다.
* 잠채(潛採) 몰래 들어가 채굴하거나 채취함.

러 갔던 것이다. 회양 근방에도 가장 험하다는 마치 이렇게 휘하고 낮선 산골을 기어올랐다. 꽁보에 더펄이, 그리고 또 다른 동무 셋과. 초저녁부터 내리는 부슬비가 웬일인지 그칠 줄을 모른다. 붕 하고 난데없이 이는 바람에 안기어 비는 낙엽과 함께 몸에 부딪고 또 부딪고 하였다. 모두들 입 벌릴 기력조차 잃고 대구 부들부들 떨었다. 방금 넘어올 듯이 덩치 커다란 바위는 머리를 불쑥 내대고 길을 막고 막고 한다. 그놈을 끼고 캄캄한 절벽을 돌고 나니 땀이 등줄기로 쪽 내려 흘렀다. 게다, 언제 호랑이가 내닫는지 알 수 없으매 가슴은 펄쩍 두근거린다.

그러나 하기는, 이제 말이지 용케도 해먹긴 하였다. 아무렇든지 다섯 놈이 서른 길이나 넘는 암굴에 들어가서 한 시간도 채 못 되자 감(광석)을 두 포대나 실히 따올렸다. 마는, 문제는 노느매기에 있었다. 어떻게 이놈을 나누면 서로 억울치 않을까. 꽁보는 금전에 남다른 이력이 있느니만치 제가 선뜻 맡았다. 부피를 대중하여 다섯 몫에다 차례대로 메지메지* 골고루 나눴던 것이다. 헌데, 이런 우스꽝스러운 놈이 또 있을까.

"이게 일테면 노는 건가!"

어두운 구석에서 어떤 놈이 이렇게 쥐어박는 소리를 하는 것이다. 제딴은 욱기*를 보이느라고 가래침을 배앝는다.

"그럼?"

꽁보는 하 어이없어서 그 쪽을 뻔히 바라보았다. 이건 우리가 늘 하는 격식인데 이제 와서 새삼스럽게 게정*을 부릴 것이 아니다.

"아니, 요게 내 거야?"

"그럼, 누군 감벼락을 맞았단 말인가?"

"아니, 이 구덩이를 먼저 낸 것이 누군데 그래?"

---

* 메지 메지 좀 큰 물건을 여럿으로 나누는 모양.
* 욱기 참지 못하고 욱하는 성질.
* 게정 불평을 품고 떠드는 말이나 행동.

"누구고 새고 알 게 뭐 있나, 금 있으니 땄고 땄으니 노났지!"

"알 게 없다? 내가 없어도 느가 왔니? 이 새끼야!"

"이런 숙맥 보래, 꿀돼지 제 욕심 채기로 너만 먹자는 거야?"

바로 이 말에 자식이 욱하고 들이덤볐다. 무지한 두 손으로 꽁보의 멱살을 잔뜩 움켜쥐고 흔들고 지랄을 한다. 꽁보가 체수가 작고 쳐들고 좀팽이라 한창 얕본 모양이다.

비를 맞아가며 숨이 콕 막히도록 시달리니 꽁보도 화가 안 날 수 없다. 저도 모르게 어느덧 감석을 손에 잡자 놈의 골통을 퍼트렸다. 하니까 이놈이 꼭 황소같이 씩 하더니 꽁보를 퍼언한 돌 위에다 집어 때렸다. 그리고 깔고 앉더니 대뜸 벽채*를 들어 곁갈빗대를 힉 하도록 아주 몹시 조겼다. 죽질 않기만 다행이지만 지금도 이게 가끔 도지어 몸을 못 쓰는 것이다. 다음에는 왼편 어깨를 된통 맞았다. 정신이 다 아찔하였다. 험하고 깊은 산 속이라 그대로 죽여 버릴 작정이 분명하다. 세 번째에는 또다시 가슴을 겨누고 내려올 제 인제는 꼬박 죽었구나, 하였다. 참으로 지긋지긋하고 아슬아슬한 순간이었다. 그 때 천행이랄까, 대문짝처럼 크고 억센 더펄이가 비호같이 날아들었다. 잡은참 그놈의 허리를 뒤로 두 손에 꿰어 들더니 산비탈로 내던져 버렸다. 그놈은 그 때 살았는지 죽었는지 이내 모른다. 꽁보는 곧바로 감석과 한꺼번에 더펄이 등에 업히어 마을로 내려왔던 것이다.

현재 꽁보가 갖고 다니는 그 목숨은 즉 더펄이 손에서 명줄을 받은 그 때의 끄트머리다. 더펄이를 형이라 불렀고 형우제공*을 깍듯이 하는 것도 까닭 없는 일은 아니었다.

이 산골도 그 녀석의 산골과 똑 헐없는 흉측스러운 낯짝을 가졌다. 한 번 휘돌아보니 몸서리치던 그 경상을 다시 생각하지 않을 수 없다.

---

* 벽채 광산에서 쓰는, 호미 비슷한 쇠 연장.
* 형우제공(兄友弟恭) 형제끼리 우애가 깊음.

꽁보는 담배만 빡빡 피우며 시름없이 앉았다.

"몸 좀 녹여서 인저 시적시적 해 볼까?"

더펄이도 추운지 떨리는 몸을 툭툭 털며 일어선다. 시작하도록 연모는 채비가 다 된 모양. 저편으로 가서 훔척훔척하더니 바랑에서 막걸리병과 돼지 다리를 꺼내 들고 이리로 온다.

"그래도 줌 거냉은 해야 할걸!"

하고 그는 병마개를 이로 뽑더니,

"에이, 그냥 먹세, 언제 데워 먹겠나?"

"데웁시다."

"글쎄, 그것두 좋구. 근데 불을 났다가 들키면 어쩌나?"

"저 바위 틈에다 가리고 뎁시다."

아우는 일어서서 가랑잎을 긁어 모았다.

형은 더듬어 가며 소나무 삭정이를 뚝뚝 꺾어서 한아름 안았다. 병풍과 같이 바위와 바위 사이에 틈이 벌어졌다. 그 속으로 들어가 그들은 불을 놓았다.

"커……, 그어 맛 좋아이."

형은 한 잔을 쭉 켜고 거나하였다. 칼로 돼지고기를 저며 들고 쩍쩍 씹는다.

"아까 술집 계집 봤나?"

"왜 그루?"

"어떻든가?"

"……."

"아주 똑 땄데, 고거 참……."

하고 그는 눈을 불빛에 끔벅거리며 싱글싱글 웃는다. 일 년이면 열두 달, 줄창 돌아만 다니는 신세이었다. 오늘은 서로, 내일은 동으로 조선 천지의 금점판치고 아니 집적거린 데가 없었다. 언제나 나도 그런 계집 하나 만나 살림을 좀 해 보누, 하면 무거운 한숨이 절로 안 날 수 없다.

"거, 계집 있는 게 행결 낫겠더군!"

하고 저도 열쩍을 만큼 시풍스러운 소리를 하니까,

"글쎄요……."

하고 꽁보는 그 얼굴을 빤히 쳐다보았다. 이 날까지 같이 다녀야 그런 법 없더니만 왜 별안간 계집 생각이 날까. 별일이로군. 하긴 저도 요즘으로 버썩 그런 생각이 무럭무럭 안 나는 것도 아니지만. 가을이 늦어서 그런지 두 홀아비 마주 앉기만 하면 나는 건 그 생각뿐.

"성님, 장가들라우?"

"어디 웬 계집이 있나?"

"글쎄?"

하고 꽁보는 그 말을 젖히다가 언뜻 이런 생각을 하였다. 제 누이를 주면 어떨까. 지금 그 누이가 충주 근방 어느 농군에게 출가하여 자식을 둘씩이나 낳았다마는 매우 반반한 얼굴을 가졌다. 이걸 준다면 형은 무척 반기겠고, 또한 목숨을 구해 준 그 은혜에 대하여 손씻어도 되리라.

"성님, 내 누이를 주라우?"

"누이?"

"썩 이쁘우, 성님이 보면 아마 단박 반하리라."

더펄이는 담말을 기다리며 다만 벙벙하였다. 불빛에 이글이글하고 검붉은 그 얼굴에는 만족한 미소가 떠올랐다. 그 누이에 대하여 칭찬은 전일부터 많이 들었다. 그럴 적마다 속 중으로는 슬며시 생각이 달랐으나, 차마 이렇다 토설치는 못했던 터이었다.

"어떻수?"

"글쎄, 그런데 살림하는 사람을 그리 되겠나?"

하여 뒷심은 두면서도 어정쩡하게 물어 보았다. 그러고들 껍적하고 술을 따라서 아우에게 권하다가 반이나 엎질렀다.

"그야, 돌려 빼면 고만이지, 누가 뭐랠 터유."

꽁보는 자신이 있는 듯이 이렇게 선언하였다.

더펄이는 아주 좋았다. 팔짱을 딱 지르고는 눈을 감았다. 나두 이젠 계집 하나 안아 보는구나! 아마 그 누이란 썩 이쁠 것이다. 오동통하고 아양스럽고, 이런 계집에 틀림없으리라. 그럴 필요도 없건마는 그는 벌떡 일어서서 주춤주춤하다가 다시 펄썩 앉는다.

"언제 가려나?"

"가만 있수, 이거 해 가지구 낼 갑시다."

오늘 일만 잘 되면 내일로 곧 떠나도 좋다. 충청도라야 강원도 역경을 지나 칠팔십 리 걸으면 고만이다. 내일 해껏* 걸으면 모레 아침에는 누이 집을 들러서 다른 금점으로 가리라 예정하였다. 그런데 이놈의 금을 언제나 좀 잡아 볼는지 아득한 일이었다.

"빌어먹을 거, 언제쯤 재수가 좀 터보나!"

꽁보는 뜯고 있던 돼지 뼈다귀를 내던지며 이렇게 한탄하였다.

"염려 말게, 어떻게 되겠지. 오늘은 꼭 노다지가 터질 테니 두고 보려나?"

"작히 좋겠수, 그렇거든 그만 들어앉읍시다."

"이를 말인가, 이게 참 할 노릇을 하나, 이제 말이지."

그들은 몇 번이나 이렇게 자위했는지 그 수를 모른다. 네가 노다지를 만나든 내가 만나든 둘이 똑같이 나눠 가지고 집을 사고 계집을 얻고 술도 먹고 편히 살자고. 그러나 여태껏 한 번이라도 그렇게 돼 본 적이 없으니 매양 헛소리가 되고 말았다.

"닭 울 때도 되었네, 인제 슬슬 가 볼려나?"

더펄이는 선뜻 일어서서 바랑을 짊어 메다가 꽁보를 바라보았다. 몸이 또 도지는지 불 앞에서 오르르 떨고 있는 것이 퍽이나 측은하였다.

---

* 해껏 해가 질 때까지.

"여보게, 내 혼자 해 갖구 올게 불이나 쬐고 거기 있을려나?"

"뭘, 갑시다."

꽁보는 꼬물꼬물 일어서며 바랑을 메었다.

그들은 발로다 불을 비벼 끄고는 거기를 떠났다.

산에, 골을 엇비슷이 돌아 오르는 샛길이 놓였다. 좌우로는 솔·잣·밤·단풍 이런 나무들이 울창하게 꽉 들어박혔다. 그 밑으로 재갈*, 아니면 울퉁바위는 예제없이 마냥 뒹굴었다. 한갓 시커먼 그 암흑 속을 그들은 더듬고 기어오른다. 풀숲의 이슬로 말미암아 고의는 축축이 젖었다.

다리를 옮겨놀 적마다 철떡철떡 살에 붙으며 찬 기운이 쭉 끼친다. 그리고 모진 바람은 뻔질 불어 내린다. 붕 하고 능글차게 낙엽을 끌어 내리다는 뺑 하고 되알지게 기를 복쓴다.

꽁보는 더펄이 뒤를 따라 오르며 달달 떨었다. 이게 지랄인지 난장인지. 세상에 짜장 못 해 먹을 건 금점 빼고 다시 없으리라. 금이 다 무언지. 요 짓을 꼭 해야 한담. 게다, 건뜻하면 서로 두들겨 죽이는 것이 일. 참말이지 금쟁이치고 하나 순한 놈 못 봤다.

몸이 저릴 적마다 지겨웁던 과거를 또 연상하며 그는 다시금 몸에 소름이 돋았다. 그러자 맞은편 산 수퐁(수풀)에서 큰 불이 어른하였다. 호랑이! 이렇게 놀라고 더펄이 허리에 가 덥석 달리며,

"저게 뭐유?"

하고 다르르 떨었다.

"뭐?"

"저거, 아니, 지금은 없어졌네."

"그게, 눈이 어려서 헷거지 뭐야."

---

*재갈 자갈.

더펄이는 씀씀이 대답하고 천연스레 올라간다. 다구진 그 태도에 좀 안심되는 듯싶으나 그래도 썩 편치는 못하였다. 왜 이리 오늘은 자꾸 겁만 드는지 까닭을 모르겠다. 몸은 매시근하고* 열로 인하여 입이 바짝바짝 탄다. 이것이 웬만하면 그럴 리 없으련마는,

"자네, 안 되겠네, 내 등에 업히게."

하고 더펄이가 등을 내대일 제, 그는 잠자코 바랑 위로 넙죽 업혔다. 그래도 끽소리 없이 덜렁덜렁 올라가는 더펄이를 굽어보며 실팍한 그 몸이 여간 부러운 것이 아니었다.

불볕 내리는 복중처럼 씨근거리며 이마에 땀이 쫙 흘렀을 그 때에야 비로소 더펄이는 산 마루턱까지 이르렀다. 꽁보를 내려놓고 땀을 씻으며 후 하고 숨을 돌린다. 이젠 얼마 안 남았겠지. 조금 내려가면 요 아래 있을 것이다.

그들이 이 마을에 들른 것은 바로 오늘 점심때이다. 지나서 그냥 가려 하다가 뜻하지 않은 주막 주인 말에 귀가 번쩍 띄었던 것이다. 저 산너머 금점이 있는데 금이 푹푹 쏟아지는 화수분*이라고. 요즘에는 화약 허가를 내 가지고 완전히 일을 하고자 하여 부득이 잠시 휴광중이고 머지않아 다시 시작할 게다. 그리고 금 도적을 맞을까 하여 밤낮 구별없이 감시하는 중이라 하는 것이다.

그러나 이 밤중에 누가 자지 않고 설마, 하고 더펄이는 덜렁덜렁 내려간다. 꽁보는 그 꽁무니를 쿡쿡 찔렀다. 그래도 사람의 일이니 물론 모른다. 좌우 곁을 살펴보며 살금살금 사리어 내려온다.

그들은 오 분쯤 내리었다. 딴은 커다란 구덩이 하나가 내달았다.

산 중턱에 집더미 같은 바위가 놓였고 그 옆으로 또 하나가 놓여 가달이졌다. 그 가운데다 뻐듬한 돌 장벽을 끼고 구멍을 뚫은 것이다. 가

---

* 매시근하다 기운이 없고 나른하다.
* 화수분 재물이 자꾸 생겨 암만 써도 줄지 아니함을 이르는 말.

로지는 한 발 좀 못 되고 길벅지는 약 세 발 가량. 성냥을 그어대 보니 깊이는 네 길이 넘었다. 함부로 쪼아먹은 구덩이라 꺼칠한 놈이 군버력도 똑똑히 못 치웠다. 잠채를 염려하여 그랬으리라. 사다리는 모조리 떼가고 민숭민숭한 돌벽이 있을 뿐이다.

그들은 다시 한 번 사방을 둘레둘레 돌아보았다. 지척을 분간키 어려우나 필경 사람은 없을 것이다. 마음을 놓고 바랑에서 광솔을 꺼내어 불을 당겼다.

더펄이가 먼저 장벽에 엎드려 뒤로 기어내린다. 꽁보는 불을 들고 조심성 있게 참참이 내려온다. 한 길쯤 남았을 때 그만 발이 찍 하고 더펄이는 떨어졌다. 꿍 하고 무던히 골탕은 먹었으나 그대로 쓱싹 일어섰다. 동이 트기 전에 얼른 금을 따야 될 것이다.

"여보게 아우, 나는 어딜 따랴나?"

"글쎄유…… 가만히 계슈."

아우는 불을 들이대고 줄맥을 한번 쭉 훑었다. 금점 일에는 난다 긴다 하는 아달맹이* 금쟁이었다. 썩 보더니 복판에는 동이 먹어 들어가고 양편 가생이로 차차 줄이 생하는 것을 알았다.

"성님은 저편 구석을 따우."

아우는 이렇게 지시하고 저는 이 쪽 구석으로 왔다. 그러나 차마 그 틈바귀로 들어갈 생각이 안 난다. 한 길이나 실히 되도록 쌓아올린 동발이 금방 넘어올 듯이 위험하였다. 밑에는 좀 잔돌로 쌓였으나 그 위에는 제법 굵직굵직한 놈들이 얹혔다. 이것이 무너지면 깩소리도 못 하고 치여 죽는다.

꽁보는 한참 생각했으되 별수 없다. 낯을 찌푸려 가며 바랑에서 망치와 타래증을 꺼내 들었다. 그런데 이렇게 파먹은 놈에게 옴폭 들어간

* 아달맹이 야무지고 대바르며 똑똑한 이.

것이 일커녕 몸 하나 놓을 데가 없다. 마지못하여 두 다리를 동발께로 쭉 뻗고 그 홈패기에 착 엎드려 망치질을 하기 시작하였다.

돌에 뚫린 석혈 구덩이라 공기는 더욱 쾽하였다. 징 때리는 소리만 양쪽 벽에 무겁게 부딪친다.

팡! 팡! 이렇게 몹시 귀를 울린다.

거의 한 시간이 넘었다. 그들은 버력 같은 만감* 외에 아무것도 얻지 못했다. 다시 오 분이 지난다. 십 분이 지난다. 딱 그 때다.

꽁보는 땀을 철철 흘리며 좁다란 그 틈에서 감 하나를 손에 따 들었다. 헐없이 작은 목침 같은 그런 돌팍(돌멩이)올. 엎드린 채 그 불빛에 비추어 가만히 뒤져 보았다.

번들번들한 놈이 그 광채가 되우 혼란스럽다. 혹시 연철이나 아닐까. 그는 돌 위에 눕혀 놓고 망치로 두드리어 깨 보았다. 좀체 하여서는 쪽이 안 나갈 만치 쭌둑쭌둑한 금돌! 그는 다시 집어들고 눈앞으로 바싹 가져오며 실눈을 떴다.

얼마를 뚫어지게 노려보았다. 무작정으로 가슴이 뚝딱거리고 마냥 들렌다*. 이 돌에 박힌 금만으로도, 모름 몰라도 하치 열 냥쯤은 넘겠지. 천 원! 천 원!

"그 먼가, 뭐야?"

더펄이는 이렇게 허둥지둥 달려들었다.

"노다지."

하고 풀 죽은 대답.

"응……, ㄴ다지?"

하기 무섭게 더펄이는 우뻑지뻑 그 돌을 받아들고 눈에 들이댄다. 척철할 만치 들이박힌 금, 우리도 이젠 팔사를 고치누나! 그는 썹석썹석 엉

---

*만감 감돌(광석)이 골고루 들어 있는 광맥.
*들레다 설레다.

덩춤이 절로 난다.

"이리 나오게, 내 땀세."

그는 아우의 몸을 번쩍 들어내 놓고 제가 대신 들어간다. 역시 동발께로 다리를 쭉 뻗고는 그 틈바귀에 덥적 엎드렸다. 몸이 워낙 커서 좀 둥개이나* 아무렇게도 아우보다 힘이 낫겠지. 그 좁은 틈에 타래증을 꽂아 박고 식식 하고 망치로 때린다.

꽁보는 그 앞에 서서 시무룩하니 흥이 지었다. 금점 일로 할지면 제가 선생이요, 형은 제 지휘를 받아왔던 것이다. 뭘 안다고 풋둥이*가 어줍대는가, 돌 쪽 하나 변변히 못 떼낼 것이……

그는 형의 태도가 심상치 않음을 얼핏 알았다. 금을 보더니 완연히 변한다.

"저 곡괭이 좀 집어 주게."

형은 고개도 아니 들고 소리를 뻑 지른다.

아우는 잠자코 대꾸도 아니한다. 사람을 너무 얕보는 그 꼴이 썩 아니꼬웠다.

"아, 이 사람아, 곡괭이 좀 얼른 집어 줘, 왜 저리 정신없이 섰나?"

그리고 눈을 딱 부릅뜨고 쳐다본다. 아우는 암말 않고 저편 구석에 놓인 곡괭이를 집어다 주었다. 그리고 우두커니 다시 섰다. 형이 무람없이* 굴면 굴수록 그것은 반드시 시위에 가까웠다. 힘이 좀 있다고 주제넘게 꺼떡이는 그 화상이야 눈허리가 시면 시었지 그냥은 못 볼 것이다.

"또 땄네, 내 기운이 어떤가?"

형은 이렇게 주적거리며 곡괭이를 연송 내리찍는다. 마치 죽통에 덤

---

* **둥개다** 힘에 겨워서 쩔쩔매다.
* **풋둥이** 애송이.
* **무람없이** 스스럼없고 버릇없이.

벼드는 돼지 모양이다. 억척스럽게도 손뼉만한 감을 두 쪽이나 따냈다. 이제는 약이 아니면 세상없어도 더는 못 딸 것이다.

엑! 엑! 엑!

그래도 억센 주먹에 굳은 동이다. 벌컥벌컥 나간다.

제 힘을 되우 자랑하는 형을 이윽히 바라보니 또한 그 속이 보인다. 필연코 이 노다지를 혼자 먹으려고 하는 것이다. 하면 내가 있는 것을 몹시 꺼리겠지 하고 속을 태우다,

"이것 봐, 자네 같은 건 골백 와야 소용없네."

하고 또 뽐낼 제 가슴이 섬뜩하였다. 앞서는 형의 손에 목숨을 구해 받았으나, 이번에는 같은 산골에서 그 주먹에 명을 도로 끊을지도 모른다.

그는 형의 주먹을 가만히 내려 보다가 가엾이도 앙상한 제 주먹에 대조하여 보지 않을 수 없다. 그러나 다만 속이 바르르 떨릴 뿐이다.

그러자 꽁보는 기겁을 하여 놀라며 뒤로 물러섰다. 어이쿠 하는 불시의 비명과 아울러 와그르 하였다. 쌓아올린 동발이 어찌하다 중툭(중턱)이 헐리었다. 모진 돌들은 더펄이의 장딴지며 넓적다리, 엉덩이까지 그대로 엎눌렀다. 살은 물론 으스러졌으리라.

그는 엎드린 채 꼼짝 못하고 아픈 데 못 이기어 끙끙거린다. 허나 죽질 않기만 요행이다. 바로 그 위의 공중에는 징그럽게 커다란 돌이 내리 구르다가 그 밑을 받친 불과 조그만 조각돌에 걸리어 미처 못 굴러내리고 간댕거리는 길이었다. 이 돌만 내리치면 그 밑에 그는 목숨은 고사하고 으살이 될 것이다.

"여보게, 내 좀 빼주게."

형은 몸은 못 쓰고 죽어 가는 목소리로 애원한다. 그리고 또,

"아우, 나 죽네, 응?"

하고 거듭 애를 끊으며 빌붙는다.

고개만 겨우 들었을 따름, 그 외에는 손조차 자유를 잃은 모양 같다.

아우는 무너지려는 동발을 쳐다보며 얼른 그 머리맡으로 다가선다. 발 앞에 놓인 노다지 세 쪽을 날쌔게 손에 잡자 도로 얼른 물러섰다. 그리고 눈물이 흐른 형의 얼굴은 돌아도 안 보고 그 발로 허둥지둥 장벽을 기어오른다.

"이놈아……."

너무 기어올라 벼락같이 악을 쓰는 호통이 들리었다. 또 연하여 우지끈 뚝딱 하는 무서운 포성이 들리었다. 그것은 거의 동시의 일이었다.

그리고는 좀 와스스하다가* 잠잠하였다.

그 때는 벌써 두 길이나 넘어 아우는 기어올랐다. 굿문까지 다 나왔을 제 그는 머리만 내밀어 사방을 두릿거리다 그림자같이 사라진다.

더펄이의 형체는 보이지 않는다. 침침한 어둠 속에 단지 굵은 돌멩이만이 흩어졌다. 이 쪽 마구리의 타다 남은 화톳불은 바야흐로 질 듯 질 듯 껌벅거린다. 그리고 된바람이 애, 하고는 굿문께서 모래를 쫘륵 쫘륵 들이뿜는다.

---

* 와스스하다 가벼운 물건이 요란스럽게 무너져 헤지다.

금

금점이란 헐없이 똑 난장판이다.

감독의 눈은 일상 올빼미 눈같이 둥글린다. 혹하면 금도둑을 맞는 까닭이다. 하긴 그래도 곧잘 도둑을 맞긴 하련만——.

대거리*를 겪으러 광부들은 하루에 세 때로 몰려든다. 그들은 늘 하는 버릇으로 굿문* 앞까지 와서는 발을 멈춘다. 잠자코 옷을 훌훌 벗는다.

그러면 굿문을 지키던 감독은 그 앞에서 이윽히 노려보다가 이 광산 전용의 굿복을 한 벌 던져 준다. 그놈을 받아 쥐고는 비로소 굿 안으로 들어간다. 이렇게 탈을 바꿔 쓰고야 저 땅 속 백여 척이 넘는 굿 속으로 기어드는 것이다.

그와 마찬가지로 대거리는 굿문으로 기어나와서 굿복을 벗는다. 벌거숭이 알몸뚱이로 다리짓 팔짓을 하여 몸을 털어 보인다. 그리고 제

---

* 대거리 일을 서로 번갈아 가면서 하는 것.
* 굿문 광산에서 구덩이(굿)로 드나드는 문. 갱문. 광구.

옷을 받아 입고는 집으로 돌아가는 것이다.

이것이 여름이나 봄철이면 혹 모른다. 동지 섣달 날카로운 된바람이 악을 쓰게 되면 가관이다. 발가벗고 서서 소름이 쪽 끼쳐 떨고 있는 그 모양. 여기 우스운 이야기가 있다.

최 서방이란 한 노인이 있는데 한 육십쯤 되었을까. 허리가 구붓하고 들피진* 얼굴에 좀 병신스러운 촌뜨기가 하루는 굿복을 벗고 몸을 검사 시키는데 유달리 몹시 떤다. 뼈에 말라붙은 가죽에도 소름이 돋는 것이 하여튼 무던히 추웠던 게다. 몸이 반쪽이 되어 떨고 있더니 고만 오줌을 쪼록 하고 지렸다. 이놈이 힘이 없었게 망정이지 좀만 뻗쳤더라면 앞에 섰는 감독의 바지에까지 적실 뻔했다. 감독은 방한화의 오줌방울을 땅바닥에 탁탁 털며,

"이놈이가!"

하고 좀 노해 보려 했으되, 먼저 그 꼬락서니가 웃지 않을 수 없었다.

"늙은놈도 오줌을 싸, 이놈아!"

그리고 손에 쥐었던 지팽이로 거길 톡 친다.

최 서방은 언 살이라 좀 아픈 모양.

"아야."

하고 소리를 치다가 시나브로 무안하여 허리를 구부린다. 이것을 보고 곁에 몰려섰던 광부들은 우아아 하고 웃음이 한꺼번에 터져오른다.

이렇게 엄중히 잡도리를 하건만 그래도 용케는 먹어들 가는 것이다. 어떤 놈은 상투 속에다 금을 끼고 나온다. 혹은 다비(양말) 속에다 껴신고 나오기도 한다.

이건 예전의 말이다. 지금은 간수들의 지혜도 훨씬 슬기롭다. 이러다가는 딘박 들키어 내떨리기밖에 더는 수 없다. 하니까 광부들의 꾀 역

---

* 들피지다 굶주려서 몸이 여위고 기운이 쇠약해지다.

시 나날이 때를 벗는다. 사실이지 그들은 구덩이 내로 들어만 서면 이 궁리 빼고 다른 생각은 조금도 없다. 어떻게 하면 이놈의 금을 좀 먹어다 놓고 다리를 뻗고 계집을 데리고 지내 볼는지. 하필 광주*만 먹여 살릴 게 아니니까. 거기에는 제일 안전한 방법이 있으니 그것은 덮어놓고 꿀꺽 삼키고 나가는 것이다. 제아무리 뱃속에 든 금이야. 허나 사람의 창자란 쇳바닥이 아니니 금 덕을 보기 전에 꿰져 버리면 남보기에 효상*만 사납다. 왜냐 하면, 사금이면 모르나 석혈금*이란 유리쪽 같은 차돌에 박혔기 때문에 예라 입 속에다 감춰라, 귓속에 묻어라, 빌어먹을 거 사타구니에 끼고 나가면 누가 뭐랄 텐가. 심지어 덕희는 항문에다 금을 박고 나오다 고만 봉이 났다. 감독은 낯을 이그리며 금을 뼈집어 놓고,

"이 자식이가, 금이 또구모기로 먹어?"
하고 알볼기짝을 발길로 보기좋게 갈기니 찔꺽 그리고 내떨렸다.

이렇게 되고 보면 감독의 책임도 수월치 않았다. 도둑을 지켜야 제 월급도 오르긴 하지만, 일면 생각하면 성가신 노릇. 몇 두 달씩 안 빤 옷을 벗길 적마다 부연 먼지는 오른다. 게다, 목욕을 언제나 했는지 때가 누덕누덕한 몸뚱이를 뒤져 보려면 구역이 곧바로 올라오련다. 광부들이란 항상 돼지 같은 몸뚱이이므로 —— 봄이 돌아와 향기로운 바람이 흘러내려도 그는 아무 재미를 모른다. 맞은쪽 험한 산골에 어지러이 흩어진 동백, 개나리, 철쭉 들도 그의 흥미를 끌기에 힘이 어렸다. 사람이란 기계와 다르다. 단 한 가지 단조로운 일에 시달리고 나면 종말에는 고만 지치고 마는 것이다.

그 일뿐 아니라 세상 사물에 권태를 느끼는 것이 항용*이다. 그런 중

---

* **광주**(鑛主) 광업권을 가진 사람.
* **효상**(爻象) 좋지 못한 몰골.
* **석혈금** 광물이 바위 속에 박힌 광산(석혈)의 금.
* **항용**(恒用) 드물거나 귀할 것 없이 보통.

피로한 몸에다 점심 벤또(도시락)를 한 그릇 집어넣고 보면 몸이 더욱 나른하다. 그 때는 황금 아니라 온 천하를 떼어온대도 그리 반갑지 않다. 굿문을 지키던 감독은 교의(의자)에 몸을 의지하고 두 팔을 벌리어 기지개를 늘인다. 우음 하고 다시 궐련을 피운다. 그의 눈에는 어젯밤 끼고 놀던 주막거리의 계집애 그 젖꼭지밖에는 더 띄지 않는다. 워낙 졸리운 몸이라 그것도 어렴풋이 —— .

요 아래 산중턱에서 발동기는 체신이 없이 풍풍 연해 소리를 낸다. 뭇 사내가 그리로 드나든다. 허리를 구붓하고 끙끙 매는 것이 아마 감석을 나르는 모양. 그 밑으로 골물은 돌에 부대끼며 콸콸 내리 흐른다.

한 점 이십 분, 굿파수*가 점심을 마악 치르고 고담이다. 고달픈 눈을 가삼츠레이 끔뻑이며 앉았노라니 뜻밖에 굿문께로 광부의 대강이가 하나 불쑥 나타난다.

대거리 때도 아니요, 또 시방쯤 나올 필요도 없건만. 좀더 눈을 의아히 뜨고 보니 등어리에 척 늘어진 반송장을 업었다. 헤헤, 또 죽어했어? 그는 골피를 찌푸리며 입맛을 다신다. 허나 금점에 사람 죽는 것은 도수장* 소 죽음에 진배없이 예사다.

그건 먹다도 죽고 꽁무니를 까고도 죽고 혹은 곡괭이를 든 채로 죽고 하니까. 놀람보다도 성가신 생각이 먼저 앞선다. 이걸 또 어떻게 치나. 감독 불충분의 덤터기로 그 누를 입어 떨리지나 않을는지. 감독은 교의에서 엉거주춤 일어서며,

"왜 그랬어?"

"버력에 치, 치, 치었습니다."

광부는 허겁스레 눈을 희번덕이며 이렇게 말이 꿈는다. 걸대가 커다랗고 억세게 생겼으나 새까맣게 치올려 보이는 사다리를, 더구나 부상

---

* 굿파수 굿이 무너지지 않도록 벽 등에 기둥을 세우는 사람. 굿반수. 굿감독.
* 도수장(屠獸場) 짐승을 잡아 죽이는 곳. 도살장.

자를 업고 기어오르는 동안 있는 기운이 모조리 지친 모양. 식식! 그리고 검붉은 이마에 땀이 쭉 흐른다. 죽어가는 동관*을 구하고자 일 초를 시새워 들렌다.

"이걸 어떻게 살려야지유?"

감독은 대답 대신 다시 낯을 찌푸린다. 등에 엎드린 광부의 바른편 발을 노려보면서 굿복 등거리로 복사뼈까지 얼러 들써매곤 굵은 사내끼(새끼)로 칭칭 감았는데, 피, 피, 싸맨 굿복 위로 징그러운 선혈이 풍풍 그저 스며오른다. 그뿐 아니라 피는 땅에까지 똑똑 떨어지며 보는 사람의 가슴에 못을 치는 듯. 물론 그자는 까무러쳐서, 웃통을 벗은 채 남의 등에 걸치어 꼼짝 못한다. 고개는 시든 파잎같이 앞으로 툭 떨어지고 ― .

"이걸 어떻게 얼른 해야지유?"

이를 말인가. 곧 서둘러 병원으로 데리고 가서 으스러진 발목을 잘라내든지 해야 일이 쉽겠다. 허나 이걸 데리고 누가 사무실로, 병원으로 왔다갔다 성가신 노릇을 하랴. 염량* 있는 사람은 군일에 손을 안 댄다. 게다, 다행히 딴놈이 가로맡아 조급히 서두르므로 아따 네 멋대로, 그 기세를 바짝 치우치며,

"암! 얼른 데리구 가 약기 바라야지."

가장 급한 듯 저도 허풍을 피운다.

이 영이 떨어지자 광부는 날듯이 점벙거리며 굿막을 나온다. 동관의 생명이 몹시 위급한 듯, 물방앗간을 향하여 구르다시피 산비탈을 내려올 제,

"이봐, 참 그 사람이 이름이 뭐?"

"북 삼호 구뎅이에서 저와 같이 일하는 이덕순입니다."

---

* **동관**(同官) 같은 관아의 동급 관리.
* **염량**(炎涼) 사리를 분별하는 슬기.

하고 소리를 지르고는 다시 발길을 돌리어 뼁 내뺀다.

감독은 이 꼴을 멀리 바라보며,

"이덕순이, 이덕순이."

하다가 곧 늘어지게 하품을 으아함 하고 내뽑는다. 시골의 봄은 바쁘다. 농군들은 들로 산으로 일을 나갔고, 마을에는 양지 쪽에 자빠진 워리*의 기지개뿐. 아이들은 둑 밑 잔디로 기어다니며 조그마한 바구니에 줏어담는다. 달룽, 소르쟁이, 게다가 우렁이 —— .

산모퉁이를 돌아나올 제

"누가 따라오지도 않나?"

덕순이는 초조로운 어조로 묻는다. 그러나 죽은 듯이 고개는 그냥 떨어진 채 사리는 음성으로,

"아니, 이젠 염려없네."

아주 자신있게 쾌활한 대답이다. 조금 사이를 떼어 가만히,

"혹 빠지나 보게. 또 십 년 공부 나미타불 만들어."

"음, 맸으니까 설마……."

하고 덕순이는 대답은 하나 말 끝이 밍밍히 식는다. 기운이 폭 꺼진 걸 보면 아마 되우 괴로운 모양 같다. 좀 전에는 내 험세, 그까짓 거 좀, 하고 희망에 불 일던 덕순이다. 그 순간의 덕순이와는 아주 팔팔결*. 몹시 아프면 기운도 죽나 보다.

덕순이는 저의 집 가까이 옴을 알자 비로소 고개를 조금 들었다. 쓰러져 가는 납작한 낡은 초가집. 고자리 쑤시듯* 풍풍 뚫어진 방문. 저 방에서 두 자식을 데리고, 계집을 데리고 고생만 무진히 하였다. 이제는 게다 다리까지 못 쓰고 드러누웠으려니! 안해(아내)와 밤낮 겯고 틀

---

* 워리 '개'를 뜻하는 말.
* 팔팔결 엄청나게 어긋나는 모양.
* 고자리 쑤시듯 썩은 물건에 구더기가 구멍을 뚫듯 함부로 쑤시다. 고자리는 노린재의 애벌레.

고, 이렇게 복대기를 또 쳐야 되려니! 아아! 그러고 보니 등줄기에 소름이 날카롭게 지난다.

제 손으로 돌을 들어 눈을 감고 발을 내리찧는다. 깜짝 놀란다. 발은 깨지며 으스러진다. 피가 퍼진다. 아, 얼마나 어리석은 짓인가? 그러나, 그러나 단돈 천 원은 그 얼마인가!

"아, 이거 왜 이랬수?"

안해는 자지러지게 놀라며 뛰어나온다. 남편은 뻔히 쳐다볼 뿐 무대답. 허나 그 속은 묻지 않아도 훤한 일이었다. 요즘 며칠 동안을 끙끙거리던 그 계획, 그리고 이러이러할 수밖에 없을 텐데, 하고 잔뜩 장은 댔으나 그래도 차마 못하고 차일피일 멈춰 오던 그 계획. 그여, 기어코 이 꼴을 만들어 오는구!

안해는 행주치마에 손을 닦고 허둥지둥 남편을 부축이어 방으로 끌어들인다.

"끙!"

남편은 방벽에 가 비스듬히 기대어 앉으며 이렇게 안간힘을 쓴다. 그리고 다친 다리를 제 앞으로 조심히 끌어당긴다. 이마에 살을 조여 가며 제 손으로 푸르기 시작한다.

굵은 사내끼는 풀어 제쳤다. 그리고 피에 젖은 굿복 등거리를 조심히 풀어 보니 어느 게 살인지, 어느 게 뼈인지 분간키 곤란하다. 다만 흐느적흐느적하는 양이, 아마 돌이 내리칠 제 그 모에 밀리고 으스러지기에 그렇게 되었으리라. 선지 같은 고깃덩이가 여기에 하나 붙고, 혹은 저기에 하나 붙고. 발가락께는 그 형체조차 잃었을 만치 아주 무질러지고 말이 아니다. 아직도 철철 피는 흐른다.

이렇게까지는 안 되었을 텐데! 그는 보기만 하여도 너무 끔찍하여 몸이 졸아들 노릇이다.

그러나 그는 우선 피에 흥건한 굿복을 집어들고 털어 본다. 역시 피가 찌르르 묻은 손뼉만한 돌이 떨어진다. 그놈을 집어들고 이리로 저리로 뒤져 본다. 어두운 굿 속이라 간드레* 불빛에 혹 잘못 보았을지도 모른다. 안해에게 물을 떠 오래서 거기다가 흔들어 피를 씻고 보니 과연 노다지. 금, 황금! 이래도 천 원짜리는 되겠지!

동무는 이 광경을 가만히 들여다보고 섰다가,

"인내게, 내 가주가 팔아옴세."

"……."

덕순이는 잠자코 그 얼굴을 유심히 쳐다본다. 돌은 손에 잔뜩 우려쥐고. 아니, 더욱 힘있게 손을 죄인다. 마는, 동무가 조금도 서슴지 않고,

"금으로 잡아 파나, 그대로 감석째 파나 마찬가지 되리. 얼른 팔아서 돈이 있어야 자네도 약도 사고 할 게 아닌가. 같이 하고 설마 도망이야 안 가겠지."

하니까,

"팔아오게."

그제사 마음을 놓는지 감석을 내어 준다.

동무는 그걸 받아들고 방문을 나오며 후회가 몹시 난다. 제가 발을 깨치고, 피를 내고 그리고 감석을 지니고 나왔더라면 둘을 먹을걸. 발견은 제가 하였건만 덕순이에게 둘을 주고 원 쥔이 하나만 먹다니. 그때는 왜 이런 용기가 안 났던가. 이제 와 생각하면 분하고 절통하기 짝이 없다. 그는 허둥거리며 땅바닥에다 거칠게 침을 퉤 뱉고, 또 퉤 뱉고 싸리문을 돌아나간다.

이 꼴을 맥풀린 시선으로 멀거니 내다본다. 덕순이는 낯을 흐린다. 하는 양을 보니, 암만해도 혼자 먹고 달아날 장본인인 듯. 허지만 설마.

살기 위하여 먹는 걸, 먹기 위하여 몸을 버리고 그리고 또 목숨까지

---

* 간드레 광산의 구덩이 안에서 불을 켜 들고 다니는 카바이드 등.

버린다. 그걸 그는 알았는지 혹은 모르는지 아픔에 못 이기어,

"아이구."

하고 쓰러지듯 길게 한숨을 뽑더니,

"가지고 달아나진 않겠지?"

안해는 아무 말도 대답치 않는다. 고개를 수그린 채 보기 흉악한 그 발을 뚫어지게 쏘아만 볼 뿐. 그러나 가무잡잡한 야윈 얼굴에 불현듯 맑은 눈물이 솟아내린다. 망할 것두 다 많아. 제 발을 이래까지 하면서 돈을 벌어오라진 않았건만. 대관절 인제 어떻게 할려고 이러는지!

얼마 후 이마를 들자 목성을 돋우며,

"아프지 않어?"

하고 뾰로지게* 쏘아박는다.

"아프긴 뭐가 아퍼, 인제 낫겠지."

바로 희떱게스리* 허울 좋은 대답이다. 마는, 그래도 아픔은 참을 기력이 부치는 모양. 조금 있더니 그 자리에 그대로 쓰러지며,

"아이구!"

참혹한 비명이다.

---

* **뾰로지게** 뾰로통하게.
* **희떱다** 실속이 없이 거드럭거리며 큰소리치는 태도가 있다.

가을

내가 주재소*에까지 가게 될 때에는 나에게도 다소 책임이 있을는지 모른다. 그러나 사실 아무리 고쳐 생각해 봐도 나는 조금치도 책임이 느껴지지 않는다. 복만이는 제 아내를(여기가 퍽 중요하다.) 제 손으로 직접 소장수에게 판 것이다. 내가 그 아내를 유인해다 팔았거나 혹은 내가 복만이를 꼬여서 서로 공모하고 팔아먹은 것은 절대로 아니었다.

우리 동리에서 일반이 다 아다시피 복만이는 뭐 남의 꼬임에 떨어지거나 할 놈이 아니다. 나와 저와 비록 격장*에 살고 흉허물없이 지내는 이런 터이지만 한 번도 저의 속을 터 말해 본 적이 없다. 하기야 나뿐이랴, 어느 동무고 간에 무슨 말을 좀 묻는다면 잘해야 세 마디쯤 대답하고 마는 그놈이다. 이렇게 귀찮은 얼굴에 내천자를 그리고 세상이 늘 마땅치 않은 놈이다. 오죽하여 요전에는 제 아내가 우리에게 와서 울며 불며 하소를 다 하였으랴. 그 망할 건 먹을 게 없으면 변통을 좀 할 생

---

* 주재소(駐在所) 일제 강점기 때에 순사가 일정한 구역에서 사무를 맡아 보던 곳.
* 격장(隔牆) 담을 사이에 두고 이웃함.

각은 않고 부처님같이 방구석에 우두커니 앉았기만 한다고. 우두커니 앉아 있는 것보다 실은 말 한 마디 속시원히 안 하는 그 뚱보*가 미웠다. 마는 그러하면서도 아내는 돌아다니며 양식을 꾸어다 여일히 남편을 공경하고 하는 것이다.

이런 복만이를 내가 꼬였다 하는 것은 본시가 말이 안 된다. 다만 한 가지 나에게 죄가 있다면 그 날 매매 계약서를 내가 대서로 써 준 그것 뿐이다.

점심을 먹고 내가 봉당에 앉아서 새끼를 꼬고 있노라니까 복만이가 찾아왔다. 한 손에 바람에 나부끼는 인찰지 한 장을 들고 내 앞에 와 딱 서더니,

"여보게, 자네 기약서 쓸 줄 아나?"

"기약서는 왜?"

"아니, 글쎄 말이야!"

하고 놈이 어색한 낯으로 대답을 주저하는 것이 아니냐. 아마 곁에 다른 사람이 여럿 있으니까 말하기가 거북했을지도 모른다.

그러나 나는 사날 전에 놈에게 조용히 들은 말이 있어서 오, 아내의 일인가 보다 하고 얼른 눈치채었다. 싸리문 밖으로 놈을 끌고 나와서 그 귀 밑에다,

"자네 여편네 어떻게 됐나?"

"응."

놈이 단마디 이렇게만 대답하고는 두레두레한 눈을 굴리며 뭘 잠깐 생각하는 듯하더니,

"저 물 건너 사는 소장수에게 팔기로 됐네. 재순네(술집)가 소개를 해서 지금 주막에 와 있는데 자꾸만 기약서를 씨야 한다구 그래. 그러

* **뚱보** 성질이 뚱해서 붙임성이 적은 사람.

나 누구 하나 쓸 줄 아는 사람이 있어야지. 그래 자네에게 써 가지고 올 테니 잠깐 기다리라고 하고 왔어. 자넨 학교 좀 다녔으니까 쓸 줄 알겠지?"

"그렇지만 우리 집에 먹이 있나 붓이 있나?"

"그럼 하여튼 나하고 같이 가세."

맑은 시내에 붉은 잎을 담그며 일쩌운* 바람이 오르내리는 늦은 가을이 다 시든 언덕 위를 복만이는 묵묵히 걸었고, 나는 팔짱을 끼고 그 뒤를 따랐다. 이 때 적으나마 내가 제 친구니까 되든 안 되든 한번 말려 보고도 싶었다. 다른 짓은 다 할지라도 영득이(다섯 살 된 아들이다.)를 생각하여 아내만은 팔지 말라고 사실 말려 보고 싶지 않은 것은 아니다. 그러나 내가 저를 먹여주지 못하는 이상 남의 일이라고 말하기 좋아 이러쿵저러쿵 지껄이기도 어려운 일이다. 맞붙잡고 굶느니 아내는 다른 데 가서 잘 먹고 또 남편은 남편대로 그 돈으로 잘 먹고 이렇게 일이 필 수도 있지 않으냐. 복만이의 뒤를 따라가며 나는 도리어 나의 걱정이 더 큰 것을 알았다. 기껏 한 해 동안 농사를 지었다는 것이 털어서 쪼개고 보니까 나의 몫으로 겨우 벼 두 말 가웃이 남았다. 물론 털어서 빚도 다 못 가린 복만이에게 대면 좀 날는지 모르지만, 이걸로 우리 식구가 한겨울을 날 생각을 하니 눈앞이 고대로 캄캄하다. 나두 올 겨울에는 금점이나 좀 해 볼까, 그렇지 않으면 투전을 좀 배워서 노름판으로 쫓아다닐까, 그런데도 밑천이 들 터인데 돈은 없고 복만이같이 내 팔 아내도 없다. 우리 집에는 여편네라군 병든 어머니밖에 없으나, 나이도 늙었지만(좀 부끄럽다.) 우리 아버지가 있으니까 내 맘대론 못 하고……

이런 생각에 잠겨 짜장 나는 복만이더러 네 아내를 팔지 마라 어째라 할 여지가 없었다. 나도 일찍이 장가나 들었더라면 이런 때 팔아먹을

┃ * 일쩌웁다 일거리가 되어서 귀찮다.

걸 하고 부지러운* 후회뿐으로 큰 길로 빠져나와서,

"그럼 자네 먼저 가 있게. 내 먹, 붓을 빌려 가지구 곧 갈게."

"벼루서껀 있어야 할걸……."

나 혼자 밤나무 밑 술집으로 터덜터덜 찾아갔다. 닭의 똥들이 한산히 늘어놓인 뒷마루로 조심스레 올라서며 소장수란 놈이 대체 어떻게 생긴 놈인가 하고 퍽 궁금하였다. 소도 사고 계집도 사고 이럴 때에는 필연 돈도 상당히 많은 놈이리라.

지게문을 열고 들어서니 첫대 눈에 띈 것이 밤볼이 지도록 살이 디룩디룩한 그리고 험상궂게 생긴 한 애꾸눈이다. 이놈이 아랫목에 술상을 놓고 앉아서 냉수 마신 상으로 나를 쓰윽 쳐다보는 것이다. 바지저고리에는 때가 쪼루룩 묻은 것이 게다 제 딴에는 모양을 낸답시고 누런 병정 각반을 치올려 쳤다.

이놈과 그 옆 한 구석에 쪼그리고 앉았는 영득 어머니와 부부가 되는 것은 아무리 봐도 좀 덜 맞는 듯싶다마는, 영득 어머니는 어떻게 되든지 간에 그 처분만 기다린단 듯이 잠자코 아이에게 젖이나 먹일 뿐이다. 나를 쳐다보고 자칫 낯이 붉는 듯하더니,

"아재 내려오슈!"

하고는 도로 고개를 파묻는다.

이 때 소장수에게 인사를 붙여준 것이 술집 할머니다. 사흘이 모자라서 여우가 못 됐다만치 수단이 능글차서,

"둘이 인사하게. 이게 내 먼 조칸데 소장수구 돈 잘 쓰구."

하다가 뼈만 남은 손으로 내 등을 뚜덕이며,

"이 사람이 아까 그 기약서 잘 쓴다는 재봉이야."

"거 뉘 댁인지 우리 인사합시다. 이 사람은 물 건너 사는 황거풍이라

---

*부지러운 부질없는.

부르우."

이놈이 바루 우좌스럽게* 큰소리로 인사를 거는 것이다. 나는 저 못
지않게 떡 버티고 앉아서 이 사람은 하고 이름을 댔다. 그리고 울아버
지도 십 년 전에는 땅마지기나 좋이 있었던 것을 명백히 일러주니까 그
건 안 듣고 하는 수작이,

"기약서를 써 달라고 불렀는데 수고로우나 하나 잘 써주기유."

망할 자식, 이건 아주 딴소리다. 내가 친구 복만이를 위해서 왔지 그
래 제깐놈의 명령에 왔다갔다할 겐가. 이 자식 무척 시큰둥하구나 생각
하고 낯을 찌푸려 모로 돌렸으나,

"우선 한 잔 하기유."

함에는 두 손으로 얼른 안 받지도 못할 노릇이었다.

복만이가 그 웃음 잊은 얼굴로 씨근거리며 달겨들 때에는 벌써 나는
석 잔이나 얻어먹었다. 얼근한 속에 다 모지라진 붓을 잡고 소장수의
요구대로 그려놓았다.

매매 계약서
일금 오십 원야라
위 금은 내 아내의 대금으로써 정히 영수합니다.
갑술년 시월 이십일 조복만
황거풍전

여기에 복만이의 지장을 찍어주니까 어디 한번 읽어보우 한다. 그리
고 한참 의심스레 바라보며 뭘 생각하더니,

"그거면 그만이유. 만일 나중에 조상이 돈을 해 가주와서 물러 달라

---

* 우좌스럽다 어리석어서 신분에 맞지 않는 태도가 있다.

면 어떡허우?"

하고 눈이 둥그레서 나를 책망을 하는 것이다. 이놈이 소장에서 하던 버릇을 여기서 하는 것이 아닌가. 하도 어이가 없어서 나도 벙벙히 쳐다만 보았으나 옆에서 복만이가 그대루 써주라 하니까,

'어떠한 일이 있더라도 내 아내는 물러 달라지 않기로 맹세합니다.'

그제서야 조끼 단춧구멍에 굵은 쌈지끈으로 목을 매달린 커단 지갑이 비로소 움직인다. 일 원짜리 때묻은 지전 뭉치를 꺼내 들더니 손가락에 연신 침을 발라가며 앞으로 세어 보고 뒤로 세어 보고, 그리고 이번에는 꺼꾸로 들고 또 침을 발라가며 공손히 세어 본다. 이렇게 후질근히 침을 발라 셌건만 복만이가 또다시 공손히 바르기 시작하니 아마 지전은 침을 발라야 장수를 하나 보다.

내가 여기서 구문*을 한 푼이나마 얻어먹었다면 참이지 성을 갈겠다. 오 원씩 안팎 구문으로 십 원을 답센 것은 술집 할머니요 나는 술 몇 잔 얻어먹었다. 뿐만 아니라 소장수를, 아니 영득 어머니를 오 리 밖 공동묘지 고개까지 전송을 나간 것도 즉 내다. 고갯마루에서 꼬불꼬불 돌아내린 산길을 굽어보고 나는 마음이 저으기 언짢았다. 한 마을에 같이 살다가 팔려가는걸 생각하니 도시 남의 일 같지 않다. 게다, 바람은 매우 차건만 입때 홑적삼으로 떨고 섰는 그 꼴이 가엾고!

"영득 어머니! 잘 가게유."

"아재, 잘 계슈."

이 말 한 마디만 남길 뿐, 그는 앞장을 서서 사랫길을 살랑살랑 달아난다. 마땅히 서 갈 길을 떠나는 듯이 서둘며 조금도 섭섭한 빛이 없다.

＊ **구문**(口文) 흥정을 붙여 주고 그 보수로 받는 돈.

그리고 내 등 뒤에 섰는 복만이조차 잘 가라는 말 한 마디 없는 데는 실로 놀라지 않을 수 없다. 장승같이 뻐적 서서는 눈만 끔벅끔벅하는 것이 아닌가. 개자식. 하루를 살아도 제 계집이련만. 근 십 년이나 소같이 부려 먹던 이 아내다. 사실 말이지 제가 여지껏 굶어 죽지 않은 것은 상냥하고 돌림성 있는 이 아내의 덕택이었다. 그런데 인사 한 마디가 없다니 개자식, 하고 여간 밉지가 않았다.

영득이는 제 아버지 품에 잔뜩 붙들려 기가 올라서 운다. 멀리 간 어머니를 부르고 두 주먹으로 아버지의 복장을 들이두드리다간 한 번 쥐어박히고 멈칫한다. 그리고 조금 있으면 다시 시작한다.

소장수는 얼굴에 술이 잠뿍 올라서 제멋대로 한참 지껄이더니,

"친구! 신세 많이 졌수, 이담 갚으리다."

하고 썩 멋들어지게 인사를 한다. 그리고 뒤뚝뒤뚝 고개를 내리다가 돌부리에 채키어 뚱뚱한 몸뚱아리가 그대로 떼굴떼굴 굴러 버렸다. 중턱에 내뻗은 소나무에 가지가 없었더면 낭떠러지로 떨어져 고만 터져 버릴 걸 요행히 툭툭 털고 일어나서 입맛을 다신다. 놈이 좀 무색한지 우리를 돌아보고 한 번 빙긋 웃고 다시 내걸을 때에는 영득 어머니는 벌써 산 하나를 꼽들었다.

이렇게 가던 소장수 이놈이 닷새 후에는 나더러 주재소로 가자고 내끄는 것이 아닌가. 사기는 복만이한테 사고 내게 찌다우*를 붙인다. 그것도 한가로운 때면 혹 모르지만 남 한창 바쁘게 거름 쳐내는 놈을. 좋도록 말을 해서 듣지 않으니까 나도 약이 안 오를 수 없고 꼴김에 놈의 복장을 그대로 떼다밀어 버렸다. 풀밭에 가 털썩 주저앉았다 일어나더니 이번에는 내 멱살을 바싹 조여잡고 소 다루듯 잡아끈다.

내가 구문을 받아먹었다든가 또는 복만이를 내가 소개했다든가 하면

---

* 찌다우 자기의 허물을 남에게 덮어씌우는 짓(표준말은 지다위).

혹 모르겠다. 계약서 써주고 술 몇 잔 얻어먹은 것밖에 나에게 무슨 죄가 있느냐. 놈의 말을 들어보면, 영득 어머니가 간 지 나흘 되는 날, 즉 그저께 밤에 자다가 어디로 없어졌다. 밝은 날에는 들어올까 하고 눈이 빠지도록 기다렸으나 영 들어오지 않는다. 오늘은 꼭두새벽부터 사방으로 찾아다니다 비로소 우리들이 짜고 사기를 해 먹은 것을 깨닫고 지금 찾아왔다는 것이다. 제 아내 간 곳을 아르켜주어야지 그렇지 않으면 너와 죽는다고 애꾸 낯짝을 들이대고 이를 북 갈아 보인다.

"내가 팔았단 말이유? 날 붙잡고 이러면 어떡헐 작정이지요?"

"복만이는 달아났으니까 너는 간 곳을 알겠지? 느들이 짜고 날 고랑 때를 먹였어. 이놈의 새끼들!"

"아니, 복만이가 달아났는지 혹은 볼일이 있어서 다니러 갔는지 지금 어떻게 안단 말이유?"

"말 말아, 술집 아주머니에게 다 들었다. 또 속일려고 요 자식!"

그리고 나를 논둑에다 한 번 메다 꽂어서는 흙도 털 새 없이 다시 끌고 간다. 술집 아주머니가 복만이가 간 곳은 내가 알 게니 가 보라 했다나. 구문 먹은 걸 도루 돌려 놓기가 아까와서 제 책임을 내게로 떠민 것이 분명하다. 이렇게 되면 소장수 듣기에는 내가 마치 복만이를 꼬여서 아내를 팔게 하고 뒤로 은근히 구문을 뗀 폭이 되고 만다.

하기는 복만이도 그 아내가 없어졌다는 날, 그저께 어디로인지 없어졌다. 짜장 도망을 갔는지 혹은 볼일이 있어서 일가집 같은 데 다니러 갔는지 그건 자세히 모른다. 그러나 동리로 돌아다니며 아내가 꾸어온 양식, 돈푼, 이런 자지레한 빚냥을 다 돈으로 갚아준 그다. 달아나기에 충분할 아무 죄도 그는 갖지 않았다. 영득이가 밤마다 엄마를 부르며 악장을 치더니 보기 딱하여 제 큰집으로 맡기러 갔는지도 모른다.

복만이가 저녁에 우리 집에 왔을 때에는 어서 먹었는지 술이 거나하게 취했다. 안뜰로 들어오더니 막걸리를 한 병 내놓으며,

"이거 자네 먹게."

"이건 왜 사와. 하여튼 출출한데 고마우이."

하고 나는 부엌에 나가 술잔과 짠지 쪼가리를 가져왔다. 그리고 둘이 봉당에 걸터앉아 마시기 시작하였다.

술 한 병을 다 치고 나서 그는 이런 이야기, 저런 이야기를 지껄이더니 내 앞에 돈 일 원을 꺼내 놓는다.

"저번 수굴 끼쳐서 그 옐세."

"예라니?"

나는 눈을 둥그렇게 뜨고 그 얼굴을 이윽히 들여다보았다. 마는 속으로 요전 대서료로 주는구나 하고 이쯤 못 깨달은 바도 아니었다. 남의 아내를 판 돈에서 대서료를 받는 것이 너무 무례한 일인 것쯤은 나도 잘 안다. 술을 먹었으니까 그만해도 좋다 하여도,

"두구 술 사먹게, 난 이거 말구도 또 있으니까!"

하고 굳이 주머니에까지 넣어주므로 궁하기도 하고 그대로 받아 두었다. 그리고 그담부터는 복만이도 영득이도 우리 동리에서 볼 수가 없고, 그뿐 아니라 어디로 가는 걸 본 사람조차 하나도 없다.

이런 복만이를 소장수 이놈이 나더러 찾아 놓으라고 명령을 하는 것이다. 멱살을 숨이 갑갑하도록 바짝 매달려서 끌려가자니 마을 사람들은 몰려서서 구경을 하고, 없는 죄가 있는 듯이 얼굴이 확확 단다. 큰 개울께까지 나왔을 적에는 놈도 좀 열쩍은지 슬며시 놓고 그냥 걸어간다. 내가 반항을 하든지 해야 저도 독을 올려서 욕설을 하고 겯고 틀고 할 텐데, 내가 고분히 달려가니까 그럴 필요가 없다. 저의 원대로 주재소까지 가기만 하면 그만이니까.

우리는 아무 말 없이 앞서고 뒤서고 십 리 길이나 걸었다. 깊은 산길이라 사람은 없고, 앞뒤 산들은 울긋불긋 물들어 가끔 쏴 하고 낙엽이 날린다. 뉘엿뉘엿 넘어가는 석양에 먼 봉우리는 자줏빛이 되어 가고,

그 반영에 하늘까지 불그레하다. 험한 바위에서 이따금 돌이 굴러 내려 웅덩이의 맑은 물을 휘저어 놓고 풍 하는 그 소리는 실로 쓸쓸하다. 이 산서 수꿩이 푸드득, 암꿩이 푸드득 그리고 그 사이로 소장수 이놈과 나와 노량으로* 허위적 허위적.

또 한 고개를 놈이 뚱뚱한 몸집으로 숨이 차서 씨근씨근 올라오니 그 때는 노기는 완전히 사라졌다. 풀밭에 펄썩 주저앉아서는 숨을 돌리고 담배를 꺼내고, 그리고 무슨 마음이 내켰는지 나더러,

"다리 아프겠수, 우리 앉아서 쉽시다."

하고 친절히 말을 붙인다. 나도 그 옆에 앉아서 주는 궐련을 피워물었다. 인제도 주재소까지 시오 리가 남았으니 어둡기 전에는 못 갈 것이다.

"아까는 내 퍽 잘못했수."

"별말 다 하우."

"그런데 참 복만이 간 데 짐작도 못 하겠수?"

"아마 모름 몰라두 덕냉이 제 큰집에 갔기가 쉽지유."

이 말에 놈이 경풍을 하도록 반색하며 애꾸눈을 바짝 들이대고 끔벅 거린다. 그리고 우는 소리가, 잃어버린 돈이 아까운 게 아니라 그런 계 집을 다시 만나기가 어려워서 그런다. 번히 홀애비의 몸으로 얼굴 똑똑 한 아내를 맞아다가 술장사를 시켜보자고 벼르는 중이었다, 그래 이번 에 해 보니까 장사도 잘할뿐더러 아내로서 훌륭한 계집이다, 참이지 며 칠 살아봤지만 남편에게 그렇게 착착 부닐고* 정이 붙는 계집은 여지껏 내 보지 못했다, 그러기에 나두 저를 위해서 인조견으로 옷을 해입힌 다, 갈비를 들여다 구워 먹인다 이렇게 기뻐하지 않았겠느냐. 덧돈을 들여가면서라도 찾으려 하는 것은 저를 보고 싶어서 그럼이지 내가 결

---

* 노량으로 어정어정 놀아 가면서.
* 부닐다 가까이 따르며 붙임성 있게 굴다.

코 복만이에게 돈으로 물러 달랄 의사는 없다, 그러니 아무 염려 말고.

"복만이 갈 듯한 곳은 다 좀 알으켜주."

놈의 말투가 또 이상스레 꾀는 걸 알고 불쾌하기가 짝이 없다. 아무 대답도 않고 묵묵히 앉아서 담배만 빠니까,

"같은 날 같이 없어진 걸 보면 둘이 짜구서 도망간 게 아니유?"

"사십 리씩 떨어져 있는 사람이 어떻게 짜구 말구 한단 말이오?"

내가 이렇게 펄쩍 뛰며 핀잔을 줌에는 그도 잠시 낙망하는 빛을 보이며,

"아니, 일럼 말이지! 내가 복만이면 제 아내가 어디 간 것쯤은 알게 아니유?"

하고 꾸중 만는 어린애처럼 어리광조로 빌붙는다. 이것도 사랑병인지 아까는 큰체를 하는 놈이 이제 와서는 나에게 끽소리도 못한다. 행여나 여망있는 소리를 들을까 하여 속 달게 나의 눈치만 그리다가,

"덕냉이 큰집이 어딘지 아우?"

"우리 삼촌 댁도 덕냉이에 있지유."

"그럼 우리 오늘은 도루 내려가 술이나 먹고 낼 일찍이 같이 떠납시다."

"그러지유."

더 말하기가 싫어서 나는 코대답으로 치우고 먼 서쪽 하늘을 바라보았다. 해가 마악 떨어지니 산골은 오색 영롱한 저녁노을로 덮인다. 산봉우리는 숫제 이글이글 끓는 불덩어리가 되고 노기 가득 찬 위엄을 나타낸다. 그리고 나직이 들리느니 우리 머리 위에 지는 낙엽 소리!

소장수는 쭈그리고 눈을 감고 앉았는 양이 내일의 계획을 세우는 모양이다. 마는 나는 아무리 생각하여도 복만이는 덕냉이 제 큰집에 있을 것 같지 않다.

야앵*

　향기를 품은 보드라운 바람이 이따금씩 볼을 스쳐 간다. 그럴 적마다 꽃잎은 하나, 둘, 팔라당팔라당 공중을 날며 혹은 머리 위로 혹은 옷고름 고에 사뿐 얹히기도 한다. 가지가지 나무들 새에 끼여 있는 전등도 밝거니와 그 광선에 아련히 비치어 연분홍 막이나 벌여 논 듯, 활짝 피어 벌어진 꽃들도 곱기도 하다.

　"아이구! 꽃도 너무 피니까 어지럽군!"

　경자는 여러 사람들 틈에 끼여 사쿠라 나무 밑을 거닐다가 우연히도 콧등에 스치려는 꽃 한 송이를 똑 따 들고 한 번 느긋하도록 맡아 본다. 맡으면 맡을수록 가슴 속은 후련하면서도 저도 모르게 취하는 듯싶다. 두서너 번 더 코에 들이대다가 이번에는,

　"얘! 이 꽃 좀 맡아 봐."

하고 옆에 따르는 영애의 코밑에다 들이대고,

---

* 야앵(夜櫻)　밤 벚꽃(놀이).

"어지럽지?"

"어지럽긴 뭐가 어지러워, 이까짓 꽃 냄새 좀 맡고!"

"그럴 테지!"

경자는 호박같이 뚱뚱한 영애의 몸집을 한번 훔쳐보고 속으로, 저렇게 디룩디룩하니까 코청도 아마, 하고는,

"너는 꽃두 볼 줄 모르는구나!"

혼잣말로 탄식하지 않을 수 없었다.

"그래 내사 꽃 볼 줄 몰라, 얘두 그럼 왜 이렇게 창경원엘 찾아왔더람?"

하고 눈을 똑바로 뜨니까,

"얘! 눈 무섭다, 저리 치워라."

하고 경자는 고개를 저리 돌리어 웃음을 날려 놓고,

"눈만 있으면 꽃 보는 거냐, 코루 냄새를 맡을 줄 알아야지."

"보자는 꽃이지 그럼, 누가 애들같이 꺾어 들고 그러디."

"넌 아주 모르는구나, 아마 교양이 없어서 그런가부다. 꽃은 이렇게 맡아 보고야 비로소 좋은 줄 아는 거야!"

하면서 경자는 아까의 그 꽃송이를 두 손바닥으로 으깨어 가지고는 다시 맡아 보고,

"아! 취한다, 아주 어지럽구나!"

그러나 영애는 거기에는 아무 대답도 아니하고,

"얘! 쥔놈이 또 지랄을 하면 어떡허니?"

하고 그 왈살스러운 대머리를 생각하며 은근히 코를 비빈다.

"얘, 듣기 싫다. 별소릴 다 하는구나, 그까짓 자식 지랄 좀 허거나 말기나."

"그래도 아홉 점 안으로 다녀온댔으니까 약속은 지켜야 할 텐데……."

하고 팔을 들어 보고는 깜짝 놀라며,

"벌써 아홉 점 칠 분인데!"

"열 점이면 어때? 카페 여급이면 뭐 제 집서 기르는 개돼지인 줄 아니? 구경헐 거나 허구 가면 그만이지."

경자는 이렇게 애꿎은 영애만 쏘아박고는 새삼스레 생각난 듯이 같이 왔던 정숙이를 찾아보았다.

정숙이는 어느 틈엔가 저만치 떨어져서 홀로 걸어가고 있었다. 어른의 손에 매달려 오고가는 어린아이들을 일일이 살펴보며 귀여운 듯이 어떤 아이는 머리까지 쓰다듬어 본다. 마는 바른손에 꾸겨 든 손수건을 가끔 얼굴로 가져가며 시름없이 걷고 있는 그 모양이 심상치 않고.

'저게 눈물을 짓는 것이 아닌가? 정숙이가 왜 또 저렇게 풀이 죽었을까? 아마도 아까 주인 녀석에게 말대답하다가 패랑패랑한* 여자라구 사설*을 당한 것이 분해 저러는 게 아닐까? 그러나 정숙이는 그렇게 맘 좁은 사람은 아닐 텐데 …….'

하고 경자는 아리송한 생각을 하다가 떼로 몰리는 어른 틈에 끼여 좋다고 방싯거리는 알쏭달쏭한 어린애들을 가만히 바라보고야 아하, 하고 저도 비로소 깨달은 듯싶었다.

계집아이의 등에 업히어 밤톨만한 두 주먹을 내흔들며 낄낄거리는 어린애도 귀엽고, 어머니 품에 안기어 장난감을 흔드는 어린애도 또한 귀엽다.

한 손으로 입에다 빵을 구겨 넣으며 부지런히 따라가는 양복 입은 어린애, 아버지 어깨에 두 다리를 걸치고 걸터앉아서 '말 탄 양반 끄떡!' 하는 상고머리 어린애, 이런 번화로운 구경은 처음 나왔는지 어머니의 치마 속으로 기어들려는 노랑 저고리에 쪼그만 분홍 몽당치마.

---

* 패랑패랑하다 성질이나 동작이 좀 팔팔하고 재빠르다. 팔랑팔랑하다.
* 사설(辭說) 길게 늘어놓는 잔소리.

"애! 영애야! 아마 정숙이가 잃어버린 딸 생각이 또 나나 보지? 저것 좀 봐라, 자꾸 눈물을 씻지 않니?"

"글쎄."

영애는 이렇게 엉거주춤히 받고는 언짢은 표정으로 정숙이의 뒷모양을 이윽히 바라보다가,

"요새론 더 버쩍 생각이 나나 보더라. 집에서도 가끔 저래."

"애 좀 잃어버리고 뭘 저런담. 나 같으면 도리어 몸이 가뜬해서 좋아하겠다."

"어째서 제가 난 아이가 보고 싶지 않으냐? 넌 아직 애를 못 나 봐서 그래."

하고 영애는 바로 제 일같이 펄쩍 뛰었으나, 앞뒤 좌우에 빽빽이 사람들이매 혹시 누가 듣지나 않았나 하고 좀 무안스러웠다. 그는 제 주위를 흘끔흘끔 둘러본 다음 경자의 곁으로 바짝 다가서며,

"네 살이나 먹여 놓고 잃어버렸으니 왜 보고 싶지 않으냐? 그것도 아주 죽었다면 모르지만, 극장 광고 돌리느라고 뿡빵 대는 바람에 쫓아나간 것을 누가 집어 갔어. 그러니 애통을 안 하겠니?"

"오 그래! 난 잃어버렸다 해서 아주 죽은 줄 알았구나. 그러면 수색원을 내지 그래 왜?"

"수색원 낸 진 벌써 이태나 된단다."

"그래두 못 찾았단 말이지? 가만 있자."

하고 눈을 깜박거리며 무엇을 한참 궁리해 본 뒤에,

"그럼 걔 아버지가 누군질 정숙이두 모르겠구먼?"

"넌 줄 아니, 모르게?"

영애가 이렇게 사박스레 단마디로 쏘아붙이는 통에 암말 못하고 그만 얼굴이 빨개졌다.

"애두! 누긴 걔 줄 아나? 아이, 망할 년 같으니! 이년 떼내 던지고 혼

자 다닐까 부다."

하고 경자는 골김에 도끼눈을 한번 떠봤으나 그렇다고 저까지 노하긴 좀 어색하고 해서 타이르는 어조로,

"별 애두 다 본다. 네 대답이나 했으면 고만이지 고렇게 톡 쏠 건 뭐 있니?"

그리고 고개를 숙이고 한 대여섯 발 옮겨 놓다가 다시 영애 쪽을 돌아보며,

"지금 정숙이는 혼자 살지 않어? 그럼 걔 아버지는 가끔 만나 보긴 허나?"

"난 몰라."

"좀 알면 큰일나니, 모른다게? 너 한 집에 같이 있고 그리고 정숙이 허구 의형제까지 한 애가 그걸 모르겠니?"

경자는 발을 딱 멈추고 업신여기는 눈초리로 영애를 쏘아본다. 빙충맞은* 이년하고는 같이 다니지 않아도 좋다고 생각한 때문이었다.

허나 영애가 먼첨에는 좀 비쌌으나* 불리한 저의 처지를 다시 깨닫고,

"헤어진 걸 뭘 또 만나니? 말하자면 언니가 이혼해서 내던진 걸."

하고 고분히 숙어드니까,

"그럼 말이야, 가만 있자."

하고 경자는 눈을 째긋이 감아 보며 아까부터 해 오던 저의 궁리에 다시 취하다가,

"그럼 말이야, 그 애를 걔 아버지가 집어 가지 않았을까?"

이렇게 아주 큰 의견이나 된 듯이 우좌스레 눈을 희번덕인다.

"그건 모르는 소리야. 걔 아버지란 작자는 자식이 귀여운지 어떤지도

---

* **빙충맞다** 똘똘하지 못하고 어리석으며 수줍다.
* **비쌔다** 마음에는 당기면서도 사양하는 체하다.

모르는 사람이란다. 안해를 사랑할 줄 알아야 자식이 귀여운 줄도 알지."

"그럼 아주 못된 놈을 얻었었구나?"

"못되구 말구 여부 있니. 난 직접 보질 못해 모르지만 정숙이 언니 얘기를 들어 보면 고생두 요만조만 안 했나 보더라. 집에서 안해는 먹을 것이 없어서 굶고 앉았는데, 이건 젊은 놈이 밤낮 술이래. 저두 가난하니까 어디 술 먹을 돈이 있겠니. 아마 친구들 집을 찾아가서 이래저래 얻어먹구는 밤중이 돼서야 비틀거리고 들어오나 보더라. 그런데 집에 들어와서는 안해가 뭐래두 이렇다 대답 한 마디 없고 벙어리처럼 그냥 쓰러져 잠만 자. 그뿐이냐, 집에 붙어 있기가 왜 그렇게 싫은지 아침 훤해서 나가면 밤중에나 들어오고, 또 담날도 훤해 나가곤 헌대. 그러니까 안해는 그걸 붙들고 앉아서 조용히 말 한 마디 해볼 겨를이 없지. 살림두 그렇지, 안팎이 손이 맞아야 되지 혼자 애쓴다구 되니? 그래 오죽해야 정숙이 언니가 ……."

하다가, 가만히 생각해 보니 남의 신변에 관한 일을 너무 지껄여 논 듯싶다. 이런 소리가 또 잘못해서 그 귀에 들어가면 어쩌나 하고 좀 좌쥐가 들렸으나 그렇다고 이왕 꺼낸 이야기, 도중에서 말기도 입이 가렵고해서,

"너 괜히 이런 소리 입 밖에 내지 마라."

"내 왜 미쳤니, 그런 소릴 허게."

하고 철석같이 맹세를 하니까,

"그래 오죽해야 정숙이 언니가 아주 멀미를 내다*시피해서 떼내던졌겠어. 방세는 내라구 조르고 먹을 건 없고 어린애는 보채고 허니 어떻게 사니. 나 같으면 분통이 터져서 죽을 노릇이지. 그래서 하루는

---

* 멀미를 내다 하도 물려서 진저리가 나도록 싫게 여기다.

잔뜩 취해 들어온 걸 붙들고 앉아서 이래선 당신하구 못 살겠수, 난 내대로 빌어먹을 터이니 당신은 당신대루 어떡헐 셈 대구 내일은 민적(호적)을 갈라주. 조금도 화도 안 내고 좋은 소리루 그랬대. 뭐 화두 낼 자리가 따루 있지 그건 화를 낸댔자 아무 소용이 없으니까. 그리고 어린애는 아직 젖먹이니까 에미 품을 떨어져서는 못 살 게니 내가 데리구 있겠소, 그랬더니 그 날은 암말 않고 그대로 자고는 그 담 날부터는 들어오질 않더래. 별것두 다 많지? 그리고 나달 후에는 엽서 한 장이 왔는데, 읽어보니까 당신 원대로 인제는 이혼 수속이 다 되었으니 당신은 당신 갈 데로 가시오, 하고 아주 뱃심 좋은 편지라지. 그러니 이 따위가 자식새끼를 생각하겠니? 안해 떼버리는 게 좋아서 얼른 이혼해 주고 이렇게 편지까지 헌 놈이……."

"그렇지 그래, 그런데 사내들은 제 자식이라면 눈깔을 까뒤집고 들어 덤비나 보던데 ……. 그럼 이건 미환게로구나?"

"미화다마다! 그래 정숙이 언니도 매일같이 바가질 긁다가도 그래도 들은 둥 만 둥 하니까 나중에는 기가 막혀서 말 한 마디 안 나온다지. 그런데 처음에는 그렇지도 않았대. 순사 다닐 때에는 아주 뙤롱뙤롱하고 점잖던 것이, 그걸 내떨리고 나서 술을 먹고 그렇게 바보가 됐대요. 왜 첨에야 의두 좋았지. 안해가 병이 나면 제 손으로 약을 다려다 바치고 다리미도 붙들어 주고 이러든 것이 그만 바보가……. 그 후로 삼 년이나 되건만 어디 가 죽었는지 살았는지 소식도 들어보질 못하겠대."

"아주 바본 게로군? 허긴 얘! 바볼수록 더 기집에게 바치나 보더라. 왜 저 우리 쥔녀석 좀 봐, 얼병이같이 어릿어릿허는 자식이 그래도 기집애 꽁무니만 노리고 있지 않아?"

"글쎄, 아마 그런가 봐. 그런 것한테 걸렸다간 아주 신세 조질걸? 정숙이 언니 좀 봐. 좀 가여운가. 게다, 그 후 일 년두 채 못 돼서 딸까지 마저 잃었으니. 넌 모르지만 카페로 돌아다니며 벌어다가 모녀가 먹고 살기에 고생 묵찐히 했다. 나갈 때마다 쥔 여편네에게 어린애 어디 가나 좀 봐달라구 신신부탁은 허나 어디 애들 노는 걸 일일이 쫓아다니며 볼 수 있니?"

"그건 또 있어 뭘 하니? 외래 잘됐지."

"그러나 애 어머니야 어디 그러냐?"

하고 툭 찼으나, 남의 일이고 밑천 드는 것이 아닌 걸 좀더 지껄이지 않고는 속이 안심치 않다. 그는 경자 귀에다 입을 들이대고 몇만 냥짜리 이야기나 되는 듯이 넌지시,

"그래서 우리 집 주인마나님이 어디 다른 데 중매를 해줄 터이니 다시 시집을 가 보라구 날마다 쑹쑹거려두 언니가 말을 안 들어. 한번 혼이 나서 서방이라면 진절머리가 난다구……."

하고 안 해도 좋을 소리를 마저 쏟아 놓았다.

"그럴 거 뭐 있어? 얻었다가 싫으면 또 차 내던지면 고만이지."

"말이 쉽지 어디 그러냐? 사내가 한 번 달라붙으면 진드기 모양으로 어디 잘 떨어지니. 너 같으면 혹……."

하고 은연히 너와 정숙이 언니와는 번히 사람이 다르단 듯이 입을 삐쭉했으나 경자가 이 눈치를 선뜻 채고 저도 뒤둥그러지며*,

"암, 그럴 테지! 넌 술 취한 손님이 앞에서 소리만 빽 질러도 눈물이 글썽글썽하는 바보가 아니냐? 그러니 남편한테 겁도 나겠지. 허지만 그게 다 교양이 없어서 그래."

이렇게 밸을 긁는 데는 큰 무안이나 당한 듯싶어서 얼굴이 빨개지며 짜장 눈에 눈물이 핑 돌지 않을 수가 없다.

망할 년, 그래 내가 바보야? 남의 이야기는 다 듣고 고맙단 소리 한

---

*뒤둥그러지다 생각이나 성질이 바르지 않고 비뚤어지다.

마디 없이, 망할 년! 학교는 얼마나 다녔다구 밤낮 저만 안다지. 그리고 그 교양인가 빌어먹을 건 어서 들은 문자인지 건뜻하면,

"넌 교양이 없어서 그래. 말대가리같이 생긴 년이 저만 잘났대지."

영애는 속으로 약이 바짝 올랐으나, 그렇다고 겉으로 내대기*에는 말솜씨로든 그 위풍으로든 어느 모로든 경자에게 달린다. 입문을 곧 열었으나 그러나 주저주저하다가,

"남편이 무서워서 그러니? 애두! 왜 고렇게 소견이 없니? 하루라도 같이 살던 남편을 암만 싫더라두 무슨 체모에 너 나가라고 그러니?"

"체모? 흥! 어서 목말라 죽은 것이 체모야?"

하고 콧등을 흥흥 하고 울리니까,

"너는 체모도 모르는구나! 아이, 별 아이두! 그게 교양이 없어서 그래."

하고 때는 이 때라구 얼른 그 '교양'을 돌려대고 써먹어 보았다.

경자는 저의 '교양'을 제법 무단히 써먹는 데 자존심이 약간 꺾이면서,

'이년 보래! 내가 쓰는 걸 배워 가지고 그래 내게 도루 써먹는 거야? 시큰둥한 년! 제가 교양이 뭔지나 알고 그러나?

하고 모로 슬며시 눈을 흘겼으나, 허나 그걸 가지고 다투긴 유치하고,

"체모는 다 뭐야, 배고파도 체모에 몰려서 굶겠구나? 애두! 배우지 못헌 건 참 헐 수 없어!"

"넌 요렇게 잘 뱄니? 그래서 요전에 주정꾼에게 삐루(맥주) 세례를 받았구나?"

"뭐? 내가 삐루 세례를 받건 말건 네가 알게 뭐야? 건방지게 이년이 누길."

---

* 내대다 상대자 앞에 강하게 내놓거나 대하다.

하고 그 팔을 뒤로 홱 잡아채고 그리고 색색거리며 독이 한창 오르려 하였을 때, 예기치 않고 그들은 얼김에 서로 폭 얼싸안고 말았다. 인적이 드문 외진 이 구석, 게다가 그게 무슨 놈의 짐승인지 바로 언덕 위에서 이히히히 하고 기괴하게 울리는 그 울음소리에 고만 온 전신에 소름이 쪽 끼치는 것이다.

그들은 정숙이에게로 횡하게 따라가며,

"아, 무서워! 얘, 그게 무어냐?"

"글쎄 뭘까 ……. 아주 징그럽지?"

이렇게 서로 주고받으며 어린애같이 마주 대고 웃어 보인다.

경자는 정숙이 곁으로 바짝 붙으며,

"정숙이! 다리 아프지 않어? 우리 저 식당에 가서 좀 앉았다가 돌아서 나가지?"

"그럴까?"

정숙이는 아까부터 그만 나가고 싶었으나 경자가 같이 가자고 굳이 붙잡는 바람에 건성 따라만 다녔다. 이번에는 경자가 하자는 대로 붐비는 식당으로 들어가 자리를 잡았을 때 골머리가 아찔하고 아무 생각도 없었으나,

"우리 사이다나 먹어 볼까?" 하고 묻는 그대로,

"아무거나 먹지." 하고 좋도록 대답하였다.

그들은 사이다 세 병과 설고(카스텔라) 세 개를 시켜 놓았다.

경자는 사이다 한 컵을 쭉 들이켜고 나서,

"영애야! 너 아까 보자는 꽃이라고 그랬지? 그럼 말이야, 그림 한 장을 사다 걸구 보지 애써 여기까지 올 게 뭐냐?"

하고 아까부터 미결로 온 그 문제를 다시 건드린다. 마는, 영애는 저 먹을 것만 천천히 먹고 있을 뿐으로 숫제 받아주질 않는다. 억설쟁이 경자를 데리고 말을 주고받다간 결국엔 제가 곱는* 것을 여러 번 경험하

고 있다. 나중에는 하도 비위를 긁어노니까 할 수 없이 정숙이 쪽으로 고개를 돌리며,

　"언니는 어떻게 생각허우? 그래 보자는 꽃이지 꺾어 들구 냄새를 맡자는 꽃이우? 바루 그럴 양이면 향수를 사다 뿌려 놓고 들엎디었지 왜 예까지 온담?"

하고 응원을 청할 수밖에 없었다.

　그러나 정숙이는 처음엔 무슨 소린지 몰라서 얼떨하다가,

　"난 그런 거 모르겠어."

하고 울가망*으로 씀씀히 받고 만다.

　영애는 잇속없이 경자에게 가끔 쪼여 지내는 자신을 생각할 때 여간 야속하지 않다. 연못가로 돌아나오다 경자가 굳이 유원지에 들어가 썰매 한 번 타보고 가겠다 하므로 따라서 들어가긴 하였으나 그 때까지 말 한 마디 건네지 않았다. 뿐만 아니라 경자가 마치 망아지 모양으로 껑충거리며 노는 걸 가만히 바라보고는 '에이, 망할 계집애두! 저것두 그래 계집애년이람?' 하고 속으로 손가락질을 않을 수 없다.

　유원지 안에는 여러 아이들이 이리 몰리고 저리 몰리고 하였다. 부랑꼬에 매어 달렸다가 그네로 옮겨 오고 그네에서 흥이 지면 썰매 위로 올라온다.

　그 틈에 끼여 경자는 호기있게 썰매를 한 번 쭈욱 타고 나서는 깔깔 웃었다. 그리고 다시 기어 올라가서 또 찌익 미끄러져 내릴 때 저편 구석에서,

　"저 궁덩이 해진다!"

하고 손뼉을 치며 껄껄거리고 웃는 것이다.

　경자는 치마를 털며 일어서서 그 쪽을 바라보니 열칠팔밖에 안 돼 보

---

* 곱다　이익을 보려다가 도리어 손해를 보다.
* 울가망하다　근심스럽거나 답답하여 기분이 나지 않다.

이는 중학생 셋이 서서 이 쪽을 향하여 웃고 있다.

경자는 날카로운 음성으로 대뜸,

"어떤 놈이야? 내 궁둥이 해진다는 놈이?"

하고 쏘아붙이며 영애가 말림에도 듣지 않고 달려들었다.

철없는 학생들은 놀리면 달아날 줄 알았지 이렇게까지 독수리처럼 대들 줄은 아주 꿈밖이었다. 모두 얼떨떨해서 암말 못하고 허옇게 닦이다가,

"우리가 뭐랬다고 그러세요?"

혹은,

"우리끼리 이야기하고 웃었는데요."

이렇게 밑빠진 구멍에 물을 챌려고 땀이 빠진다. 마는, 경자는 좀체로 그만두려지 않고,

"학생이 공부는 안 하구 남의 여자 히야까시(조롱)하러 다니는 게 일이야?"

하고 그 중 나이찬 학생의 얼굴을 벌겋게 달궈놓는다.

이 서슬에 한 사람 두 사람 구경꾼이 모이더니 나중에는 삑 둘리어 성이 되고 말았다.

어떤 이는 너무 신이 나서,

"암, 그렇지, 그래 잘 한다!"

하고 소리를 내지르기도 하고, 또는

"나이 어려 그렇지요, 그쯤 하구 그만두십시오."

하고 뜯어말리는 사람……

그러나 정숙이는 이편에 따로 떨어져 우두커니 서서는 제 앞만 바라보고 있었다.

거기에는 대여섯 살이 될지 말지 한 어린아이 둘이 걸상에 마주 걸터앉아서 그네질을 하며 놀고 있다. 눈을 뚝 부릅뜨고 심술궂게 생긴 그

사내아이도 귀엽고, 스스러워서 눈치만 할금할금 보는, 조선옷에 단발한 그 계집애도 또한 귀엽다. 바람이 불 적마다 단발머리가 보르르 날리다가 사뿟 주저앉는 그 모양은 보면 볼수록 한 번 담싹 껴안아 보고 싶은 생각이 간절하였다.

'우리 모정이두 그대루 컸다면 저만은 하겠지!'

그리고 정숙이는 여지껏, 어딘가 알 수 없이 모정이와 비슷비슷한 계집애를 벌써 여남은이나 넘어 보아오는 기억이 난다. 요 계집애두 어쩌면 그 눈매며 입 모양이 모정이같이 고렇게 닮았는지. 비록 살은 포들포들히 오르고 단발은 했을망정 하관*만 좀 기다랗고, 그리고 어디가 엎어져서 상처를 얻은 듯싶은 이마의 그 흠집만 없었더라면 어지간히 같을 뻔도 하였다, 하고 쓸쓸히 웃어 보다가,

---

* 하관(下觀) 턱을 중심으로 한 얼굴의 아랫부분.

'남이 우리 모정이를 집어간 것 마찬가지로 고런 계집애 하나 훔쳐다가 기르면 그만 아닌가?'

이렇게 요즈음 가끔 하여 보던 그 무서운 생각을 다시 하여 본다.

정숙이는 갖은 열정과 애교를 쏟아 가며 허리를 꾸부리어,

"얘, 아가야! 너 몇 살이지?"

하고 손으로 단발머리를 쓸어 본다.

계집애는 낯선 사람의 손을 두려워함인지 두 눈을 말뚱히 뜨고 쳐다만 볼 뿐으로 아무 대답도 없었다. 그러나 손이 다시 들어와,

"아이 참! 우리 애기 이뻐요! 이름이 뭐지?"

하고 또 머리를 쓰다듬자, 이번에는 마치 모욕이나 당한 사람같이 어색하게도 비슬비슬 일어서더니 저리로 곧장 달아난다.

정숙이는 낙심하여 쌀쌀한 애두 다 많군, 하고 속으로 탄식을 하며 시선이 그 뒤를 쫓아가다가 이상도 하다고 생각하였다. 거리가 좀 있어 똑똑히는 보이지 않으나마 병객인 듯싶은 흰 두루마기에 중절모를 눌러 쓴 한 사나이가 괴로운 듯이 쿨룩거리고 서서, 앞으로 다가오는 계집애와 이 쪽을 번갈아 가며 노려보고 있었다. 얼른 보기에 후리후리한 키며 구부정한 그 어깨가 정숙이는 사람의 일이라 혹시 하면서도, 그러나 결코 그럴 리는 천만 없으리라고 혼자 이렇게 또 우기면서도 저도 모르게 앞으로 몇 걸음 걸어 나간다. 시나브로 거리를 접어 가며 댓걸음 사이를 두고까지 아무리 고쳐서 뜯어 보아도 그는 비록 병에 얼굴은 꺼졌을망정, 그리고 몸은 반쪽이 되도록 시들었을망정 확실히 전일 제가 떼어 버리고 민줄 대던 그 남편임에 틀림없고……

"아이, 당신이?"

정숙이는 무슨 말을 하려는지 저도 모르고 이렇게 입을 벌렸으나 그 다음 말이 나오지 않았다. 원수같이 진저리를 치던 그 사람도 오랜만에 뜻없이 만나고 보니까 이상스리도 더 한층 반가웠다. 한참 멍하니 바라

만 보다가 더는 참을 수가 없어서,

"그 동안 서울 계셨어요?"

하고 간신히 입을 열었다.

사나이는 고개를 저리 돌리고 외면한 그대로,

"이리저리 돌아다녔습니다."

하고 활하게 대답하였다. 그리고는 반갑다는 기색도 혹은 놀랍다는 기색도 그 얼굴에는 아무 표정도 찾아볼 수가 없었다. 정숙이는 무엇보다도 먼저 그 앞에 폭 안긴 그 단발한 계집애가 모정이인지 아닌지 그것이 퍽도 궁거웠다*. 주볏주볏 손을 들어 계집애를 가리키며,

"얘가 우리 모정인가요?"

하고 물어 보았으나, 그는 못 들은 듯이 잠자코 있더니 대답 대신 주먹으로 입을 막고는 쿨룩거린다.

그러나 정숙이는 속으로,

'저것이 모정이겠지? 입 눈을 보더라도 정녕코 모정이겠지!'

하면서 이 년 동안이란 참으로 긴 세월임을 다시 깨달을 만치 이렇게까지 몰라보도록 될 줄은 아주 꿈 밖이었다. 마는, 그보다도 더욱 놀라운 것은 자식도 모르는 폐인인 줄 알았더니 그래도 제 자식이라고 몰래 훔쳐다가 이렇게 데리고 다니는 것을 생각하면 그 속은 암만해도 하늘 땅이나 알 듯싶다. 뿐만 아니라 갈릴 때에는 그렇다 소리 한 마디 없더니 일 년 후에야 슬며시 집어간 그 속도 또한 알 수 없고 …….

'저것이 정말 귀여운 줄 알까?'

"얘가 모정이지요?"

정숙이는 묻지 않아도 좋을 소리를 다시 물어보았다. 여전히 사나이는 못 들은 칙하고 묵묵히 섰는 양이 쭐기고 맛장수*이던 그 버릇을 아

---

* **궁겁다** 궁금하다.
* **맛장수** 아무 맛도 없이 싱거운 사람.

직도 못 버린 듯싶었다. 그러나 저는 구지레하게 걸쳤을망정 계집애만은 깨끗하게 옷을 입혀 논 걸 보더라도, 그리고 에미한테서 고생을 할 때보다 토실토실히 살이 오른 그 볼따귀를 보더라도 정숙이는 어느 편으로든 에미에게 있었던 것보다는 그 아버지가 데려간 것이 애를 위하여는 오히려 천행인 듯싶었다.

정숙이는 사나이에게 암만 물어야 대답 한 마디 없을 것을 알고 이번에는 계집애를 향하여,

"얘! 모정아."

하고 불러 보니, 어른 두루마기에 파묻혔던 계집애가 고개를 반짝 든다. 이태 동안이 길다 하더라도 저를 기르던 제 에미를 이렇게 몰라볼까, 하고 생각해 보니 곧 두 눈에서 눈물이 확 쏟아지며 그대로 꼭 껴안아 보고 싶은 생각이 간절은 하나 그러나 서름히* 구는 아이를 그러다간 울릴 것도 같고 해서 엉거주춤히 손만 내밀어 머리를 쓰다듬어 주며,

"얘 모정아, 너 올에 몇 살이지?"

또는,

"얘 모정아! 너 나 모르겠니?"

이렇게 대답 없는 질문을 하고 있을 때 저만큼 등 뒤에서,

"정숙이 안 가?"

하고 경자가 달려드는 모양이었다.

"그럼 요즘엔 어디 계세요?"

정숙이는 조급히 그러나 눈물을 머금은 음성으로 애원하다시피 묻다가 의외에도 사나이가 사직동 몇 번지라고 순순히 대답하므로 그제서야 안심하고,

* 서름히 남과 가깝지 않게.

"모정이, 잘 가거라!"

하고 다시 한 번 쓰담어 보고는, 경자가 이 쪽으로 다가오기 전에 그 쪽을 향하여 휭하게 떨어져 간다.

경자는 활갯짓을 하고 걸어가며 신이야 넋이야 하는* 어조로,

"내 그 자식들 납작하게 눌러 줬지. 아, 내 궁둥이가 해진다는구먼, 망할 자식들이! 내 좀더 닦아 셀래다."

"넌 너무 그래. 철모르는 애들이 그렇지, 그럼 말두 못하니? 그걸 가지고 온통 사람을 모아 놓고 이 야단이니!"

영애는 경자 때문에 창피스러운 욕을 당한 것이 생각하면 할수록 썩 분하였다.

그런데도 경자는 저 잘났다고 시퉁스러진* 소리로,

"너는 그럴 테지! 왜 너는 체모 먹구 사는 사람이냐?"

하고 또 비위를 거슬려 놓다가서 저리 향하여,

"정숙이! 아까 그 궐자*가 누구?"

"응, 그 사내 말이지? 그전에 나 세들어 있던 집 주인이야."

정숙이는 이렇게 선선히 대답하고 다시 얼굴로 손수건을 가져간다.

'자식이 그렇게 귀엽다면 그걸 낳아 놓은 안해두 좀 귀여울 텐데?'

하고 지내온 일의 갈피를 찾아오다가 그래도 비록 말은 없었다 하더라도 안해도 속으로는 사랑하리라고 굳이 이렇게 믿어 보고 싶었다. 어쩌다 그렇게 되었는지 병까지 든 걸 보면 그 동안 고생은 무던히 한 듯싶고, 그렇다면 전일에 밤늦게 들어와 쓰러진 사람을 멱살잡이를 하여 일으켜서는 들볶던 그것도 잘못하였고, 술 먹었으니 아침은 그만두라고 하며 마악 먹으려던 콩나물죽을 땅으로 내던진 그것도 잘못하였고, 일

---

* 신이야 넋이야 한다 '하고 싶던 말을 거침없이 털어놓음'을 이르는 말.
* 시퉁스러지다 시퉁스럽다. 보기에 주제넘고 건방지다.
* 궐자(厥者) '그 사람'을 가볍게 이르는 말.

일이 후회가 날 뿐이었다. 즈 아버지를 그토록 푸대접을 하였으니 계집애만 하더라도 에미를 탐탁히 여겨 주지 않는 것이 당연하지 않을까 생각하니 더욱 큰 설움이 복받쳐오른다. 그러나 내일 아침에는 일찍 찾아가서 전사 일은 모조리 잘못하였다고 정성껏 사과하고, 그리고 앞으로는 암만 굶더라도 찍소리 안 하리라고 다짐까지 둔다면 혹시 사람의 일이니 다시 같이 살아줄는지 모르리라고 이렇게 조금 안심하였을 때 영애가 팔을 흔들며,

"언니! 오늘 꽃구경 잘 했지?"

"참 잘 했어!"

"꽃은 멀리서 봐야 존 걸 알아, 가찹게 가면 그놈의 냄새 때문에 골치가 아프지 않아. 그렇지만 오늘 꽃구경은 참 잘 했어!"

영애가 경자에게 무수히 쪼이고 게다 욕까지 당한 것이 분해서 되도록 갚으려고 애를 쓰니까 경자는, 코로 흥 하고는,

'느들이 무슨 꽃구경을 잘 했니? 참말은 내가 혼자 잘 했다?'

"꽃은 냄새를 맡을 줄 알아야 꽃구경이야! 보는 게 다 무슨 소용있어?"

하고 희짜를 뽑다가 정숙이 편을 돌아보니 아까보다 더 뻣질 손수건이 올라간다. 보기에 하도 딱하여 그 옆으로 바싹 붙어서며 친절히 위로하여 가로되,

"그까짓 딸 하나 잃어버리고 뭘 그래? 없어지면 몸이 가뜬하고 더 편하지 않어?"

그 때 눈 같은 꽃이파리를 포르르 날리며 쌀쌀한 꽃샘이 목덜미로 스며든다.

문간 쪽에서는 고만 나가라고 종소리가 댕그렁댕그렁 울리기 시작했다.

총각과 맹꽁이

잎잎이 비를 바라나 오늘도 그렇다. 풀잎은 먼지가 보얗게 나풀거린다. 말뚱한 하늘에는 불더미 같은 해가 눈을 크게 떴다.

땅은 달아서 뜨거운 김을 턱 밑에다 풍긴다. 호미를 옮겨 찍을 적마다 무더운 숨을 헉헉 뿜는다. 가물에 조잎은 앵생이*다. 가끔 엎드려 김매는 이의 코며 눈퉁이를 찌른다. 호미는 퉁겨지며 쨍 소리를 때때로 낸다. 곳곳이 박힌 돌이다. 예사 밭이면 한 번 찍어넘길 걸 서너 번 안 하면 흙이 일지 않는다.

콧등에서, 턱에서 땀은 물 흐르듯 떨어지며 호미자루를 적시고 또 흙에 스민다. 그들은 묵묵하였다. 조밭 고랑에 쭉 늘어 박혀서 머리를 숙이고 기어갈 뿐이다. 마치 땅을 파는 두더지처럼……

입을 벌리면 땀 한 방울이 더 흐를 것을 염려함이다.

그러자 어디서 말을 붙인다.

---

*앵생이 잔약한 사람이나 보잘것 없는 물건(표준말은 앤생이).

"어이 뜨거, 돌을 좀 밟았다가 혼났네."

"이놈의 것도 밭이라고 도지*를 받아 처먹나."

"이제는 죽어도 너와는 품앗이 안 한다."고 한 친구가 열을 내더니,

"씨값으로 골치기나 하자구 도루 줘 버려라."

"이나마 없으면 먹을 게 있어야지!"

덕만이는 불안스러웠다. 호미를 놓고 옷깃으로 턱을 훑는다. 그리고 그편으로 물끄러미 고개를 돌린다. 가혹한 도지다. 입쌀 석 섬. 보리, 콩 두 되의 소출은 근근 댓 섬. 나눠먹기도 못 된다. 본디 밭이 아니다. 고목 느티나무 그늘에 가리어 여름날 오고가는 농꾼이 쉬던 정자터이다. 그것을 지주가 무리로 갈아 도지를 놓아 먹는다. 콩을 심으면 잎 나기가 고작이요 대부분이 열지를 않는 것이었다. 친구들은 일상,

"덕만이가 사람이 병신스러워."

하고 이 밭을 침뱉어 비난하였다. 그러나 덕만이는 오히려 안 되는 콩을 탓할 뿐, 올해는 조로 바꾸어 심은 것이었다.

"좀 쉬서들 하세!"

한 고랑을 마치고 덕만이는 일어서 고목께로 온다. 뒤묻어 땀바가지들이 옹게종게 모여든다. 돌 위에 한참 앉아 쉬더니 겨우 생기가 좀 돌았다. 곰방대들을 꺼내 문다. 혹은 대를 들고 담배 한 대 달라고 돌아치며 수선을 부린다.

"북새가 드네. 올 농사 또 헛하나 보다."

여러 눈이 일제히 말하는 시선을 더듬는다. 바람에 아른거리는 저편 버덩*의 파란 볏잎을 이윽히 바라보았다. 염려스러이……

젊은 상투는 무척 시장하였다. 따로 떨어져 쭈그리고 앉았다. 고개를 폭 기울이고는 불평이 요만이 아니다.

---

* 도지(賭地) 일정한 도조(세)를 주고 빌려 쓰는 논밭이나 집터.
* 버덩 좀 넓고 편편하며 잡풀만 난 거친 땅.

"제미붙을, 배고파 일 못하겠네!"

"허기져 죽겠는걸, 허리가 착 까부러지는구나!"

옆에서 받는다.

"이 땀을 흘리고 에누리 없이 일할 수 있나? 진흥회 아니라 제 할아
비가 온대두!"

하고 또 뇌더니 아무도 대답이 없으매,

"개×두 없는 놈에게 호포*는 올려두 제누리만 안 먹으면 산담 그
래!"

---

* 호포(戶布) 봄 가을에 집집마다 내던 세.

어조를 높여 일동에게 맞장을 청한다.

"너는 그래두 괜찮아, 덕만이가 다 호포를 낼라구."

뚝건달 뭉태는 콧살을 찡긋이 비웃으며 바라본다. 네나 내나 촌뜨기들이 떠들어 뭣하리. 그보다⋯⋯.

"여보게들, 오늘 참 들병이* 온 것을 아나?"

이 말에 나이 찬 총각들은 귀가 번쩍 띄었다. 기쁜 소식이다. 그 입을 뻔히 쳐다보며 뒷말을 기다린다. 반갑기도 하려니와 한편으로는 의아하였다. 한참 바쁜 농시 방극*에 뭘 바라고 오느냐고 다 같은 질문이다.

＊ 들병이 병술을 가지고 다니면서 파는 장수. 원말은 들병 장수.
＊ 농시 방극(農時方劇) 농사일이 한창 바쁨.

그것은 들은 체 만 체 뭉태는 나무에 비스듬히 자빠져서 하늘로 눈만 껌벅인다. 그리고 홀로 침이 말라 칭찬이다.

"말갛고 살집 좋더라. 내려씹어두 비린내두 없을걸! 제일 그 볼기짝 두두룩한 것이……."

"나이는?"

"스물둘, 한창 폈더라!"

"놈팽이 있나?"

예제서 슬근슬근 죄어들며 묻는다.

"없어. 남편을 잃고서 홧김에 들병으로 돌아다니는 판이라네!"

"그럼 많이 돌아 먹었구면?"

"뭘 나이를 봐야지, 숫배기더라."

"얘 좋구나, 한 잔 먹어 보자."

이쪽 저쪽서 수군거린다. 풍년이나 만난 듯이 야단들이다. 한 구석에 앉았던 덕만이가 일어서 오더니 뭉태를 꾹 찍어 간다. 느티나무 뒤로 와서,

"성님, 정말 남편 없수?"

"그럼 정말이지!"

"나 좀 장가들여주. 한턱 내리다."

뭉태의 눈치를 훑는다. 의형이라 못할 말 없겠지만 그래두 어쩐지 얼굴이 후끈하였다.

"염려 말게. 그러나 돈이 좀 들걸!"

개울 건너서 덕만 어머니가 온다. 점심 광주리를 이고 더워서 허덕인다. 농꾼들은 일어서 소리치며 법석이다. 호미자루를 뽑아 호미등에다 길군악*을 치는 놈도 있다.

---

* 길군악(-軍樂) 옛 취타곡의 하나.

"점심, 점심이다. 먹어야 산다!"

저녁이 들자 바람은 산들거린다. 뭉태는 제 집 바깥 뜰에 보릿짚을 깔고 앉아서 동무 오기를 고대하였다. 덕만이가 제일 먼저 부리나케 내달았다. 뭉태 옆에 와 궁둥이를 내려놓으며 좀 머뭇거리더니,

"아까 말이 실토유. 꼭 장가 좀 들여주게유."

"글쎄 나만 믿어. 설사 자네게 거짓말하겠나."

"성님만 믿우, 꼭 해 주게유."

하고 다지고,

"내, 내 닭 팔거든 호미씨샛날* 단단히 한턱하리다."

하고 또 한 번 굳게 다진다.

낮에 귀띔해 왔던 젊은 축들이 하나 둘 모인다. 약속대로 고스란히 여섯이 되었다. 모두들 일어서서 한덩어리가 되어 수군거린다. 큰일이나 치러 가는 듯 이러자 저러자 의견이 분분하여 끝이 없다. 어떻게 해야 돈이 덜 들까가 문제다. 우리가 막걸리 석 되만 사 가지고 가자, 그래 계집더러 부으라고, 나중에 얼마간 주면 그만이다. 하니까 한편에선 그러지 말고 그 집으로 가서 술을 대구 퍼먹자, 그리고 시치미 딱 떼고 나오면, 하고 우기는 친구도 있다. 그러나 뭉태는 말하였다.

"계집을 우리 집으로 부르자. 소주 세 병만 가져오래서 잔풀이로 시키는 것이 제일 점잖아……."

술값은 각 추렴으로 할까 혹은 몇 사람이 술을 맡고 그 나머지는 안주를 할까를 토의할 제, 덕만이가 선뜻 대답하였다. 오늘밤 술값은 내 혼자 전부 물겠다고. 그리고 닭도 한 마리 내겠으니 아무쪼록 힘써 잘 해달라고 뭉태에게 다시 당부하였다.

뭉태는 계집을 데리러 거리로 나갔다. 덕만이는 조금도 지체없이 오

---

* 호미씨새 음력 7월쯤에, 농가에서 논매기의 만물을 끝낸 뒤, 날을 받아 하루를 즐겨 노는 일(표준말은 호미씻이).

라 경계하였다. 그리고 제 집을 향하여 개울 언덕으로 올라섰다. 산기슭에 내를 앞두고 놓았다. 방 한 칸, 부엌 한 칸, 단 두 칸을 돌로 쌓아 올려 이엉으로 덮은 집이었다. 식구는 모자뿐, 아들이 일을 나가면 어머니도 따라 일찍 나갔다. 동네로 돌아다니며 일자리를 찾았다. 그리고 온종일 방아품을 팔아 밥을 얻어다가 아들을 먹여 재우는 것이 그들의 살림이었다.

딸은 선채를 받고 놓았다. 아들 장가들일 예정이던 것이 빚구멍 갚기에 시나브로* 녹여 버리고,

"그까짓 며느리쯤은 시시하다유."

하고 남들에게는 겉을 꺼리지만…….

"언제나 돈이 있어 며느리를 좀 보나!"

돌아서 자탄을 마지않는 터이다. 반드시 장가는 들어야 한다.

덕만이는 언덕 밑에다 신을 벗었다. 그리고 큰 몸집을 사리어 사뿟사뿟 집엘 들어섰다. 방문이 벌떡 나가 떨어지고 집안이 휑하다. 어머니는 자는 모양. 닭의 장문을 조심해 열었다. 손을 집어 넣어 손에 닿는 대로 허구리께를 슬슬 긁어 주었다. 팔아서 등걸잠방이 해 입는다는 닭이었다. 한 손이 재빠르게 모가지를 움켜잡자 다른 손이 날갯죽지를 움키려 할 제 그만 빗났다. 한 놈이 풍기니까 뭇놈이 푸드득하며 대구 골골거린다.

별안간,

"훼! 훼! 이 망할년의 ×으로 난 놈의 꽹이!"

하고 쉐박는 듯이 방에서 튀나는 기색이더니,

"다 쫓았어유. 염려 말구 주무시여유!"

하니까,

---

* 시나브로 모르는 사이에 조금씩 조금씩.

"닭장 문 좀 꼭 얽어라."

소리뿐으로 다시 조용하다.

그는 무거운 숨을 돌렸다. 닭을 옆에 감추고 나는 듯 튀어나왔다. 그리고 뭉태 집으로 내달으며 그의 머리에 공상이 한두 가지가 아니었다. 뭉태가 예쁘달 때엔 어지간히 출중난 계집일 게다. 이런 걸 데리고 술장사를 한다면 그밖에 더 큰 수는 없다. 뒤 해만 잘 하면 소 한 마리쯤은 낙자없이* 떨어진다. 그리고 아들도 곧 낳아야 할 텐데 이게 무엇보다 큰 걱정이었다.

뭉태는 얼근하였다. 들병이를 혼자 껴안고 물리도록 시달린다.

두터운 입술을 이그리며,

"요것아, 소리 좀 해라, 아리랑 아리랑."

고갯짓으로 계집의 엉덩이를 두드린다. 좁은 봉당이 꽉 찼다. 상 하나, 희미한 등잔을 복판에 두고 취한 얼굴이 청승궂게 죄어 앉았다. 다 같이 눈들은 계집에서 떠나지 않는다. 공석에서 벼룩은 들끓으며 등어리, 정강이를 대구 뜯어간다. 그러나 긁는 것은 사내의 체통이 아니다. 꾹 참고 제 차지로 계집 오기만 눈이 빨개 손꼽는다.

"술 좀 천천히 붓게유."

"그거 다 없어지면 뭘루 놀래는 게지유?"

"그럼 일루 밤 새유? 없으면 가친 자지유!"

계집은 곁눈을 주며 생긋 웃어 보인다. 덩달아 맨입이 맥없이 그리고 슬그머니 뺑긴다.

얼굴 까만 친구가 얼마 버르다가 마코 한 개를 피워 올린다. 그리고 우격으로 끌어당겨 남 보란 듯이 입을 맞춘다. 계집은 예사로 담배를 받아 피고는 생글거린다. 좌중은 뱃이 상했다. 양궐련 바람이 세다는

---

* 낙자없다 영락없다.

둥 이왕이면 속곳 밑 들고 인심 쓰라는 둥 별별 핀둥이*가 다 들어온다.

"돌려라 돌려, 혼자만 주무르는 게야?"

목이 마르듯 사방에서 소리를 지르며 눈을 지릅뜬다. 이 서슬에 계집은 일어서서 어디로 갈지를 몰라 술병을 들고 갈팡거린다. 덕만이는 따로 떨어져 봉당 끝에 구부리고 앉았다. 애꿎은 담배통만 돌에다 대구 두드린다. 암만 기다려도 뭉태는 저만 놀 뿐, 인사를 아니 붙인다. 술은 제가 내련만 계집도 시시한지 눈 거들떠보지 않는다. 그래 입때 말 한 마디 못 건네고 홀로 꺽꺽 앓는다. 봉당 아래 하얀 귀여운 신이 납죽 놓였다. 덕만이는 유심히 보았다.

돌아앉아서 남이 혹시 보지나 않나 살핀다. 그리고 퍼드러진 시커먼 흙발에다 그 신을 꿰고는 눈을 지그시 감아 보았다. 계집의 신이다. 다시 벗어 제 발에 꿰고는 짝없이 기뻐한다.

약물같이 개운한 밤이다. 버들 사이로 달빛은 해맑다. 목이 터지라고 맹꽁이는 노래부른다. 암수놈이 의좋게 주고받는 사랑의 노래이었다. 이 소리를 들으매 불현듯 울화가 터졌다. 여지껏 누르고 눌러 오던 총각의 쿠더분한 울분이 모조리 폭발하였다. 에이, 하치 못한* 인생! 하고 제 몸을 책하고 난 뒤 계집의 앞으로 달려들어 무릎을 꿇었다. 두 손을 공손히 무릎 위에 얹었다. 그 행동이 너무나 쑥스럽고 남다르므로 벗들은 눈이 컸다.

"뵈기는 아까부터 뵈었으나 인사는 처음 여쭙니다."

하고 죽어가는 음성으로 억지로 봉을 뗐다. 그로는 참으로 큰 용기다.

"저는 강원두 춘천군 신면 중리 아랫말에 사는 김덕만입니다. 울아버지가 성이 광산 김갑니다."

두 손을 자꾸 비비더니,

---

* 핀둥이 핀잔.
* 하치 못한 하치 않은(하찮은).

"어머니허구 단 두 식굽니다. 하치 못한 사람을 찾아주셔서 너무 고맙습니다. 저는 서른넷인데두 총각입니다."

"?"

계집은 영문을 몰라 어안이 벙벙하다가,

"고만이올시다."

하며 이마를 기울여 절하는 것을 볼 때 참았던 고개가 절로 돌았다. 그리고 터지려는 웃음을 깨물다 재채기가 터져 버렸다.

"일테면 인사로군? 뭘 고만이야, 더 허지."

여기저기서 킥킥거린다. 그런 인사는 좀 됐다 하자구 핀잔이 들어온다. 모처럼 한 인사가 실패다. 그는 그 자리에서 일어나지도 못하고 얼굴이 벌개서 고개를 숙인 채 부처가 되었다.

새벽녘이다. 달이 지니 바깥은 검은 장막이 내린다.

세 친구는 봉당에 곯아 떨어졌다. 술에 취한 게 아니라 어찌 지껄였던지 흥에 취하였다. 뭉태, 덕만이, 까만 얼굴, 세 사람이 마주보며 앉았다. 제가끔 기회를 엿보나 맘대로 안 되며 속만 탈 뿐이다. 뭉태는 계집의 어깨를 잔뜩 부여잡고 부라질*을 한다. 실상은 안 취했건만 독단 주정이요 발광이다.

새매같이 쏘다가 계집 귀에다 눈치빠르게 수군거리곤 그 옆구리를 꾹 찌르고,

"어이 술 췌. 소피 좀 보고 옴세."

벌떡 일어서 비틀거리며 싸리문 밖으로 나간다. 좀 있더니 계집이 마저 오줌 좀 누고 오겠노라고 나가 버린다. 덕만이는 실쭉허니 눈만 둥글린다. 일이 내내 마음에 어그러지고 말았다. 그다지 믿었던 뭉태도

* 부라질 몸을 좌우로 흔드는 짓.

저 놀 구멍만 찾을 뿐으로 심심하다. 그리고 오줌은 만드는지 여태들 안 들어온다. 수상한 일이다. 그는 벌떡 일어서 문 밖으로 나왔다. 발 밑이 캄캄하다.

더듬어 가며 잿간, 낟가리, 나뭇더미 틈바귀를 샅샅이 내리 뒤졌다. 다시 발길을 돌리어 근방의 밭고랑을 뒤지기 시작하였다. 눈에서 불이 난다.

차차 동이 튼다. 젖빛 맑은 하늘이 품을 벌린다. 고운 봉우리, 험상궂은 봉우리, 이쪽 저쪽서 하나 둘 툭툭 불거진다. 손뼉 같은 콩잎은 이슬을 머금고 우거졌다. 스칠 새 없이 다리에 척척 엉기며 물을 뿜는다. 한동안 해갈을 하고서 밭 한복판 고랑에 콩잎에 가린 옷자락을 보았다. 다짜고짜로 달려들었다. 그러나,

"이게 무슨 짓이지유? 아까 뭐라구 말했지유?"

하고는 저로도 창피스러워 뒤 칸 거리에서 다리가 멈칫하였다.

의형이라고 믿었던 게 불찰이다. 뭉태는 조금도 거침없었다. 고개도 안 돌리며,

"저리 가. 왜 사람이 눈치를 못 차리고 저 뻔새야."

화를 천둥같이 내지른다. 도리어 몰리니 기가 안 막힐 수 없다. 말문이 막혀 먹먹하다.

"그래 철석같이 장가들여주마 할 제는 언제유?"

하고 지지 않게 목청을 돋우었다.

"술값 내슈, 가게유!"

손을 벌릴 때,

"나하고 안 살면 술값 못 내겠시우."

하고는 끝대로 배를 튀겼다.

눈은 눈물이 어리어 야속한 듯이 계집을 쏘았다. 계집은 술 먹고 술값 안 내는 경우가 뭐냐고 중언부언 떠든다. 나중에는, 내가 술 팔러 왔

지 당신의 아내가 되러 온 것이 아니라고 좋이 타이르기까지 되었다.

뭉태는 시끄러웠다. 술값은 내가 주마고 계집의 팔을 이끌어 콩포기를 헤집고 길로 나가 버린다.

시위로 좀 해 봤으나 최후의 계획도 틀렸다. 덕만이는 아주 낙담하고 콩밭 복판에 멍허니 서서 그들의 뒷모양만 배웅한다. 계집이 길로 나서자 눈이 빠지게 기다리던 깜둥이 총각이 또 달려든다. 이것을 보니 가슴은 더욱 쓰라렸다. 동무가 빤히 지키고 서 있는데도 끌고 들어가는 그런 행세는 또 없을 게다. 눈물은 급기야 꺼칠한 윗수염을 거쳐 발등으로 줄줄 흘렀다.

이집 저집서 일꾼 나오는 것이 멀리 보인다. 연장을 들고 밭으로, 논으로 제각기 흩어진다. 아주 활짝 밝았다.

덕만이는 금시로 콩밭을 튀어나왔다. 잿간 옆으로 달려들며 큰 돌멩이를 집어들었다. 마는, 눈을 얼마 감고 있는 동안 단념하였는지 골창*으로 던져 버렸다. 주먹으로 눈물을 비비고는,

"살재두 나는 인전 안 살 터이유!"

하고 잿간을 향하여 소리를 질렀다.

그리고 제 집으로 설렁설렁 언덕을 내려간다. 그러나 맹꽁이는 여전히 소리를 끌어올린다. 골창에서 가장 비웃는 듯이 음충맞게* '맹!' 던지면 '꽁!' 하고 간드러지게 받아넘긴다.

---

* 골창 '고랑창'의 준말.
* 음충맞다 내숭스럽고 불량하다.

옥토끼

나는 한 마리 토끼 때문에 자나깨나 생각하였다. 어떻게 하면 요놈을 얼른 키워서 새끼를 낳게 할 수 있을까 이것이었다.

이 토끼는 하느님이 나에게 내려주신 보물이었다.

몹시 춥던 어느 날 아침이었다. 내가 아직 꿈 속에서 놀고 있을 때 어머니가 팔을 흔들어 깨우셨다. 아침잠이 번히 늦은데다가 자는데 깨우면 괜스리 약이 오르는 나였다. 팔꿈치로 그 손을 툭 털어 버리고,

"아이 참, 죽겠네."

골을 이렇게 내자니까,

"너 이 토끼 싫으냐?"

하고 그럼 고만두란 듯이 은근히 나를 댕기고 계신 것이다.

나는 잠결에 그럼 아버지가 아마 오랜만에 고기 생각이 나서 토끼고기를 사오셨나, 그래 어머니가 나를 먹이려구 깨우시는 것이 아닐까, 하였다. 그리고 고개를 돌리어 뻑뻑한 눈을 떠보니 이게 다 뭐냐, 조막만하고도 아주 하얀 옥토끼 한 마리가 어머니 치마 앞에 폭 싸여 있는

것이 아닌가. 나는 눈곱을 비비고 허둥지둥 다가앉으며,

"이거 어서 났수?"

"이쁘지?"

"글쎄 어서 났냔 말이야?"

하고 조급히 물으니까,

"아침에 쌀을 씻으러 나가니까 우리 부뚜막 위에 올라앉아서 웅크리

고 있더라. 아마 누집에서 기르는 토낀데 빠져 나왔나 봐."

어머니는 얼른 두 손을 화로 위에 비비면서 무척 기뻐하셨다. 그 말

씀이 우리가 이 신당리로 떠나온 뒤로는 이 날까지 지지리 지지리 고생

만 하였다. 이렇게 옥토끼가, 그것도 이 집에 네 가구가 있으련만 그 중

에서 우리를 찾아왔을 적에는 새해부터는 아마 운수가 좀 필려는 거나

아닐까 하며 고생살이에 찌든 한숨을 내쉬고 하시었다. 그러나 나는 나

대로의 딴 희망이 있지 않아선 안 될 것이다. 이런 귀여운 옥토끼가 뭇

사람을 제치고 나를 찾아왔음에는 아마 나의 심평*이 차차 피려나 부다

하였다. 그리고 어머니 치마 앞에서 옥토끼를 끄집어 내 들고 고놈을

입에 대 보고 뺨에 문질러 보고 턱에다 받쳐도 보고 하였다.

참으로 귀엽고도 아름다운 동물이었다. 나는 아침밥도 먹을 새 없이

그리고 어머니가 팔을 붙잡고,

"너 숙이 갖다 줄려구 그러니? 내 집에 들어온 복은 남 안 주는 법이

야. 인내라, 인내."

이렇게 굳이 말리는 것도 듣지 않고 덜렁거리고 문 밖으로 나섰다.

뒷골목으로 들어가 숙이를 문간으로(불러 만나 보면 물론 둘이 떨고 섰는

것이나, 그 부모가 무서워서 방에는 못 들어가고) 넌지시 불러 내다가,

"이 옥토끼 잘 길루."

＊ 심평 생활의 형편(표준말은 셈평).

하고 두루마기 속에서 고놈을 꺼내주었다. 나의 예상대로 숙이는 가선
진* 그 눈을 똥그랗게 뜨더니 두 손으로 담싹 집어다가는 저도 역시 입
을 맞추고 뺨을 대보고 하는 것이 아닌가. 허지만 가슴에다 막 부둥켜
안는 데는 나는 고만 질색을 하며,

"아, 아, 그렇게 하면 뼈가 부서져 죽우. 토끼는 두 귀를 붙들고 이렇
   게……."

하고 토끼 다루는 법까지 아르켜 주지 않을 수 없었다. 하라는 대로 두
귀를 붙잡고 섰는 숙이를 가만히 바라보며 나는 이 집이 내 집이라 하
고 또 숙이가 내 아내라 하면 얼마나 좋을까 하였다. 숙이가 여자 양말
하나 사달라고 부탁하고 내가 그래라고 승낙한 지가 달장간*이 되련만,
그것도 못하는 걸 생각하니 내 자신이 불쌍도 하였다.

"요놈이 크거든 짝을 채워서 우리 새끼를 자꾸 받읍시다. 그 새끼를
   팔구팔구 하면 나중에는 큰 돈이……."

   그리고 토끼를 쳐들고 암만 들여다보니 대체 수놈인지 암놈인지 분
간을 모르겠다. 이게 적이 근심이 되어,

"그런데 뭔지 알아야 짝을 채지!"

하고 혼자 투덜거리니까,

"그건 인제……."

   숙이는 이렇게 낯을 약간 붉히더니 어색한 표정을 웃음으로 버무리며,

"낭중 커야 알지요!"

"그렇지! 그럼 잘 길루."

하고 집으로 돌아와서는 그담 날부터 매일 한 번씩 토끼 문안을 가고
하였다. 토끼가 나달이 달라간다는 숙이의 말을 듣고 나는 퍽 좋았다.

"요새두 잘 먹우?"

---

* 가선진 눈시울이 쌍꺼풀이 져 금이 생기다.
* 달장간 날짜로 거의 한 달이 되는 동안.

하고 물으면,

"네, 무우 찌꺼기만 주다가 오늘은 배추를 주었더니 아주 잘 먹어요."
하고 숙이도 대견한 대답이었다. 나는 이렇게 병이나 없이 잘만 먹으면
다 되려니 생각하였다. 아니나 다르랴, 숙이가,

"인젠 막 뛰다니구 똥두 밖에 가 누구 들어와요."
하고 까만 눈알을 뒤굴릴 적에는 아주 휜칠한 어른 토끼가 다 되었다.
인제는 짝을 채 줘야 할 터인데, 하고 나는 돈 없음을 걱정하며 집으로

돌아왔다. 그러나 아무리 생각하여도 돈을 변통할 길이 없어서 내가 입고 있는 두루마기를 잡힐까, 그러면 뭘 입고 나가냐, 이렇게 양단을 망설이다가 한 댓새 동안 토끼에게 가질 못하였다. 그러나 하루는 저녁을 먹다가 어머니가,

"금철 어메게 들으니까 숙이가 그 토끼를 잡아먹었다더구나!"
하고 역정을 내는 바람에 깜짝 놀랐다.

우리 어머니는 싫다는 걸 내가 들이 졸라서 한 번 숙이네한테 통혼을 넣다가 거절당한 일이 있었다. 겉으로는 아직 어리다는 것이나, 그 속살은 돈 있는 집으로 딸을 내놓겠다는 내숭이었다. 이걸 어머니가 아시고 모욕을 당한 듯이 그들을 극히 미워하므로,

"그럼 그렇지! 그것들이 김생(짐승) 귀여운 줄이나 알겠니?"
"그래 토끼를 먹었어?"

나는 이렇게 눈에 불이 번쩍 나서 밖으로 뛰어나왔으나 암만해도 알 수 없는 일이다. 제 손으로 색동조끼까지 해 입힌 그 토끼를 설마 숙이가 잡아먹을 성싶지는 않았다.

그러나 숙이를 불러 내다가 그 토끼를 좀 잠깐만 뵈달라 하여도 아무 대답이 없이 얼굴만 빨개져서 서 있는 걸 보면 잡아먹은 것이 확실하였다. 이렇게 되면 이놈의 계집애가 나에게 벌써 맘이 변한 것은 넉넉히 알 수 있다. 나중에는 같이 살자고 우리끼리 맺은 그 언약을 잊지 않았다면, 내가 위하는 그 토끼를 제가 감히 잡아먹을 리가 없지 않은가.

나는 한참 도끼눈으로 노려보다가,

"토끼 가질러 왔우, 내 토끼 도루 내주."
"없어요."

숙이는 거반 울 듯한 상이더니 이내 고개를 떨치며,

"아버지가 나두 모르게……"
하고는 무안에 취하여 말끝도 다 못 맺는다.

실상은 이 때 숙이가 한 사날 동안이나 밥도 안 먹고 대단히 앓고 있었다. 연초회사에 다니며 벌어들이는 딸이 이렇게 밥도 안 먹고 앓으므로 그 아버지가 겁이 버쩍 났다. 그렇다고 고기를 사다가 몸보신시킬 형편도 못되고 하여 결국에는 딸도 모르게 그 옥토끼를 잡아서 먹어 버리고 말았던 것이다. 그러나 나는 그런 속은 모르니까 남의 토끼를 잡아먹고 할 말이 없어서 벙벙히 섰는 숙이가 다만 미웠다. 뭘 못 먹어서 옥토끼를, 하고 다시,

"옥토끼 내놓우, 가져갈 테니."

하니까,

"잡아먹었어요."

그제서야 바로 말하고 언제 그렇게 고였는지 눈물이 뚝 떨어진다. 그리고 무엇을 생각했음인지 허리춤을 뒤지더니 그 지갑(은 우리가 둘이 남몰래 약혼을 하였을 때 금반지 살 돈은 없고 급하긴 하고 해서 내가 야시에서 십오 전 주고 사넣고 다니던 돈지갑을 대신 주었는데 그것)을 내놓으며 새침히 고개를 트는 것이다.

망할 계집애, 남의 옥토끼를 먹고 요렇게 토라지면 나는 어떡허란 말인가. 허나 여기서 더 지껄였다가는 나만 앵한* 것을 알았다. 숙이의 옷가슴을 부랴사랴 헤치고 허리춤에다 그 지갑을 도로 꾹 찔러 주고는 쫓아올까 봐 집으로 횡하게 달아왔다. 제가 내 옥토끼를 먹었으니까 암만 제 아버지가 반대를 한다더라도, 그리고 제가 설혹 마음이 없더라도 인제는 하릴없이 나의 아내가 꼭 되어 주지 않을 수 없을 것이다.

이렇게 나는 생각하고 이불 속에서 잘 따져 보다 그 옥토끼가 나에게 참으로 고마운 동물임을 비로소 깨달았다.

인제는 틀림없이 너는 내 거다.

---

* 앵하다 기회를 놓치거나 손해를 보아 분하고 아깝다.

연기

눈 뜨곤 없더니 이불을 쓰면 가끔씩 잘두 횡재한다.

공동 변소에서 일을 마치고 엉거주춤히 나오다 나는 벽께로 와서 눈이 휘둥그렜다. 아, 이게 무에냐. 누리끼한 놈이 바로 눈이 부시게 번쩍번쩍 손가락을 펴들고 가만히 꼬옥 찔러 보니 마치 갓 굳은 엿조각처럼 쫀득쫀득이다. 얘 이놈 참으로 수상하구나. 설마 뒷간 기둥을 엿으로 빚어놨을 리는 없을 텐데. 주머니칼을 꺼내 들고 한 번 시험조로 쭈욱 내리어 깎아 보았다. 누런 덩어리 한 쪽이 어렵지 않게 뚝 떨어진다. 그놈을 한테 뭉쳐 가지고 그 앞 댓돌에다 쓱 문대 보니까 아아, 이게 황금이 아닌가. 엉뚱한 누명으로 끌려가 욕을 보던 이 황금, 어리다는 이유로 연홍이에게 고랑땡을 먹던 이 황금, 누님에게 그 구박을 다 받아가며 그래도 얻어먹고 있는 이 황금.

다시 한 번 댓돌 위에 쓱 그어 보고는 그대로 들고 거리로 튀어나온다. 물론 양쪽 주머니에는 묵직한 황금으로 하나 뿌듯하였다. 황금! 황금! 아, 황금이다. 퍼언한 거리에는 커다랗게 살찐 돼지를 타고서 장군

들이 오르내린다. 때는 좋아 봄이라고 향명한 아침이었다. 길 양쪽 버드나무에는 그 가지가지에 주먹 같은 붉은 꽃이 달리었다. 알쭝달쭝한 꽃잎을 날리며 엷은 바람이 부웅 하더니 허공으로 내 몸이 둥실, 얘 이놈 좋구나. 허나 황금이 날아가선 큰일이다. 두 손으로 양쪽 주머니를 잔뜩 움켜잡고 있노라니 별안간 꿍 하고 떨어진다. 이놈이 어따 이건 함부로 내던졌느냐. 정신이 아찔하여 똑똑히 살펴보니 이것이 바로 우리 집 대문 앞이 아니냐.

대문짝을 박차고 나는 허둥지둥 안으로 뛰어들어갔다. 돈이라면 한 푼에 목이 말라하는 누님이었다. 이 누런 금덩어리를 내 보이면 필연코 그는 헉 하고 놀라겠지.

"누님! 수가 터졌수!"

나는 이렇게 외마디 소리를 질렀으나 그는 아무 대답도 없다. 매우 마뜩지 않게 알로만 눈을 깔아붙이고는 팥죽만 풍풍 퍼먹고 있는 것이다. 그러나 모처럼 입을 연다는 것이,

"오늘은 어떻게 취직자리 좀 얻어 봤니?"

대문 밖에 좀 나갔다 들어만 오면 변치 않고 노냥 물어 보는 그 소리. 인제는 짜장 귓등이 가볍다. 마는, 아무래도 좋다. 오늘부터는 그까짓 밥 얻어먹지 않아도 좋으니까.

"그까짓 취직."

하고 콧등으로 웃어버리고는,

"자, 이게 금덩어리유. 똑똑히 보우."

나는 두 손을 다 그 코 밑에다 들이댔다. 이래두 침이 아니 넘어갈 터인가. 그는 가늘게 실눈을 떠 가지고 그걸 이윽히 들여다보다 종내는 나의 얼굴마저 쳐다보지 않을 수 없는 모양이었다. 금덩어리와 나의 얼굴을 이렇게 번차례로 몇 번 훑어 가더니,

"이거 너 어서 났니?"

하고 두 눈에서 눈물이 확 쏟아지질 않느냐. 그리고 나의 짐작대로 날
랜 두 손이 들어와 덥썩 훔켜 잡고,

"아이구, 황금이야!"

평소에도 툭하면 잘 짜는 누님. 이건 황금을 보고도 여전히 눈물이
냐. 이걸 가만히 바라보니 나는 이만만 해도 황금 얻은 보람이 큼을 느
낄 수 있다. 뻔둥뻔둥 놀고 자빠져 먹는다 하여 일상 들볶던 이 누님,
이왕이면 나도 이판에 잔뜩 갚아야 한다. 누님이 붙잡고 우는 황금을
나는 앞으로 탁 채어 가며,

"이거 왜 이래? 닳으라고."

하고 네보란 듯이 소리를 냅다 질렀다. 내가 황금을 얻어 좋은 건 참으
로 누님의 이 꼴 보기 위하여서다. 이런 황금을 막 선불리 만져 보이느
냐, 어림없다. 호기있게 그 황금을 도로 주머니에 집어넣고는,

"오늘부터 난 따로 나가겠수. 누님 밥은 맛이 없어서."

나의 재주가 자라는 데까지 한껏 뽐을 내었다. 이만큼 하면 그는 저
쯤 알아채겠지. 인젠 누님이 화를 내건 말건 내 받고 섰을 배 아니다.
버듬직하게 건넌방으로 들어가 내가 쓰던 잔 세간과 이부자리를 포갬
포갬 싸 놓았다. 이것만 들고 나서면 고만이다. 택시 하나 부를 생각조
차 못하고 그걸 그대로 들고 일어서자니까 이 때까지 웬 영문을 몰라
떨떠름히 서 있던 누님이,

"얘, 너 왜 이러니?"

하고 나의 팔을 잡아들인다.

"난 오늘부터 내 밥을 먹고 살겠수."

"얘, 그러지 마라, 내 이젠 안 그럴께."

"아니, 내 뭐 누님이 공밥 먹는다고 야단을 쳤대서 그걸 가지고 노했
다거나 혹은 어린애같이 삐졌대거나……."

하고 아주 좋도록 속 좀 쓰리게 해 놓고 나서니까,

"얘, 내가 다 잘못했다. 인젠 네 맘대로 낮잠도 자구 그래, 응?"

취직 못한다고 야단도 안 치고 그럴 게니 제발 의좋게 같이 살자고 그 파란 얼굴에 가엾은 눈물까지 보이며 손이 발이 되게 빌붙는다. 이 것이 어디 놀구 먹는다고 눈물로 밤낮 찡찡대던 그 누님인가 싶으냐.

"이거 왜 이래, 남 싫다는데."

누님을 메다 던지고 나는 신바람이 나게 뜰알로 내려섰다. 다시 누님 이 맨발로 뛰어 내려와 나를 붙잡고 울 수 있을 만침 고만침 동안을 떼 어 놓고는 대문께로 나오려니까 뜰알에서 쌀을 주워 먹고 있던 참새 한 마리가 포루릉 날아온다. 이놈이 나의 턱밑으로 넌지시 들어오더니 이 건 어디다 쓰는 버릇인지 나의 목줄 띠를 콱 물어채는 것이 아니냐. 그 리고 그대로 대롱대롱 매달려 바들짝바들짝. 아, 아아, 아이구 죽겠다. 아픈 건 둘째 치고 우선 숨이 막혀 죽겠다. 보퉁이를 들었던 두 손으로 참새란 놈을 부리나케 붙잡고 떼어 보려니까 요놈이 버릇없이 요런. 젖 먹던 힘을 다 들여 내 목이 달아나냐, 네 목이 달아나냐고 확 한 번 잡 아채니 휴우, 코 밑의 연기로다.

아, 나 죽는다. 잡아당기면 당길수록 참새는 거머리같이 점점 달라붙 고 숨쉬기만 더욱 괴로워진다.

공교로이도 나의 코끝이 뚫어진 굽도지* 구멍에 가 파수를 보고 있 는 것이다. 고 구멍으로 아침 짓는 매캐한 연기가 모락모락 올라오고 있었다. 그 연기만도 숨이 막히기에 넉넉할 텐데, 이건 뭐라고 제 손으 로 제 목을 잔뜩 움켜잡고 누웠느냐.

"그게 온 무슨 잠이냐?"

언제쯤 거기 와 있었는지 누님이 미닫이를 열어젖히고서는 눈이 칼 날이다. 어젯밤, 내일은 일찍부터 돌아다니며 만날 사람들을 좀 만나보

---

*굽도지 방 안의 벽의 아랫도리(표준말은 굽도리).

라던 그 말을 내가 이행치 못하였으니 몹시도 미울 것이다. 야윈 목에 핏대가 불끈 내솟았다.

"취직인가 뭔가 할려면 남보다 좀 성심껏 돌아다녀야지."

바로 가시를 집어삼킨 따끔한 호령이었다. 아무리 찾아보아야 고대* 같이 살자고 눈물로 빌붙던 그 누님은 그림자도 비추이지 않았다. 사람이 이렇게도 변할 수 있는가. 나도 뚱그렇게 눈을 뜨고서 너무도 허망한 일인 양하여 얼뚤한* 시선으로 한참 누님을 쳐다보았다. 암만해도 사람의 일 같지 않다. 낮에는 누님이 희짜를 뽑고 밤에는 내가 희짜를 뽑고. 이마의 땀을 씻으려고 손이 올라가다 갑자기 붉어 오는 안색을 깨닫고 도로 이불을 폭 뒤집어쓴다.

이불 속에는 아직도 아까의 그 연기가 남아 있는 것이다.

---

* 고대 이제 막.
* 얼뚤하다 얼떨하다.

이런 음악회

　내가 저녁을 먹고서 종로거리로 나온 것은 그럭저럭 여섯 점 반이 넘어서이었다. 너펄대는 우와기(겉옷) 주머니에 두 손을 꽉 찌르고 그리고 휘파람을 불며 올라오자니까,

　"애!" 하고 팔을 뒤로 잡아채며,

　"너 어디 가니?"

　이렇게 황급히 묻는 것이다.

　나는 삐끗하는 몸을 고르잡고 돌아보니 교모를 폭 눌러쓴 황철이다. 번히 성미가 겁겁한 놈인 줄은 아나, 그래도 이토록 씨근거리고 긴 달려듦에는, 하고,

　"왜 그러니?"

　"너 오늘 콩쿨음악대휜 거 아니?"

　"콩쿨음악대회?"

하고 나는 좀 떠름하다가 그제서야 그 속이 뭣인 줄을 알았다. 이 황철이는 참으로 우리 학교의 큰 공로자이다. 왜냐 하면 학교에서 운동 시

합을 하게 되면 늘 맡아 놓고 황철이가 응원대장으로 나선다. 뿐만 아니라 제 돈을 들여 가면서 선수들을(학교에서 먹여야 번히 옳을 건데) 제가 꾸미꾸미 끌고 다니며 먹이고 놀리고 이런다. 그리고 시합 그 이튿날에는 목에 붕대를 칭칭하게 감고 와서 똑 벙어리 소리로,

"어떠냐? 내 어제 응원을 잘해서 이기지 않았니?"
하고 잔뜩 뽐을 내고는,

"그저 시합엔 응원을 잘해야 해!"

그러니까 이런 사람은 영영 남 응원하기에 목이 잠기고 돈을 쓰고 이래야 되는, 말하자면 팔자가 응원대장일지도 모른다. 이번에도 콩쿨음악대회에 우리 반 동무가 나갔고 또 요행히 예선에까지 붙기도 해서, 놈이 어제부터 응원대 모으기에 바빴다. 그러나 나에게는 아무 말도 없더니 왜 붙잡나 싶어서,

"그럼 얼른 가보지, 왜 이러구 있니?"

"다시 생각해 보니까 암만해도 사람이 부족하겠어."

하고 너도 같이 가자고 팔을 막 잡아끄는 것이다.

"너나 가거라. 난 음악회 싫다."

나는 이렇게 그 손을 털고 옆으로 떨어지다가,

"내 이따 나오다가 돼지고기 만두 사주마."

함에는 어쩔 수 없이 고개를 모로 돌리어,

"대관절 몇 시간이나 하냐?"

하고 묻지 않을 수 없다. 그러나 그 대답이 끽 두 시간이면 끝나리라 하므로 나는 안심하고 따라섰다.

둘이 음악회장 입구에 헐레벌떡하고 다다랐을 때는 우리 반 동무 열세 명은 벌써 와서들 기다리고 섰다. 저희끼리 낄낄거리고 수군거리고 하는 것이 아마 한창들 흉계가 벌어진 모양이다.

황철이는 우선 입장권을 사 가지고 와 우리에게 한 장씩 나누어 주며 명령을 하는 것이다. 즉, 우리들이 네 무더기로 나누어서 회장의 전후 좌우로 한 구석에 한 무더기씩 앉고 시치미를 딱 떼고 있다가 우리 악사만 나오거든 덮어놓고 손바닥을 치며 재청이라고 악을 쓰라는 것이다. 그러면 암만 심사원이라도 청중을 무시하는 법은 없으니까 일등은 반드시 우리의 손에 있다고. 허나 다른 악사가 나올 적에는 손바닥커녕 아예 끽소리도 말라 하고 하나씩 붙들고는 그 귀에다,

"알았지, 응?"

그리고 또,

"알았지, 재청?"

하고 꼭꼭 다진다.

"그래그래, 알았어!"

나도 쾌히 깨닫고 황철이의 뒤를 따라서 회장으로 올라갔다.

새로 건축한 넓은 대강당에는 벌써 사람들 머리로 까맣게 깔리었다.

시간을 기다리다 지루했는지 고개들을 길게 뽑고 수선스레 들어가는 우리를 돌아본다. 우리는 황철이의 명령대로 덩어리 덩어리 지어 사방으로 헤어졌다. 나는 황철이와 또다른 동무 하나와 셋이서 왼쪽으로 뒤한 구석에 자리를 잡았다.

일곱 점 정각이 되자 북적거리던 장내가 갑자기 조용하여진다. 모두들 몸을 단정히 갖고 긴장된 시선을 모았다.

제일 처음이 순서대로 성악이었다. 작달막한 젊은 여자가 나와 가냘픈 음성으로 노래를 부르는데 귀가 간지럽다. 하기는 노래보다도 조그만 두 손을 가슴께 고부려 붙이고 고개를 갸웃이 앵앵거리는 그 태도가 나는 가엾다 생각하고 하품을 길게 뽑았다. 나는 성악은 원 좋아도 안하려니와 일반 음악에도 씩씩한 놈이 아니면 귀가 가려워 못 듣는다.

그담에도 역시 여자의 성악, 그리고 피아노 독주, 다시 여자의 성악…… 그러니까 내가 앞의 사람 의자 뒤에 고개를 틀어박고 코를 곤 것도 그리 무리는 아닐 듯싶다.

얼마쯤이나 잤는지는 모르나 옆의 황철이가 흔들어 깨우므로 고개를 들어 보니 비로소 우리 악사가 등장한 걸 알았다. 중학교복으로 점잖이 바이올린을 켜고 섰는 양이 귀엽고도 한편 앙증해 보인다. 나도 졸음을 참지 못하여 눈을 감은 채 손바닥을 서너 번 때렸으나, 그러나 잘 생각하니까 다른 동무들은 다 가만히 있는데 나만 치는 것이 아닌가. 게다 황철이가 옆을 콱 치면서,

"이따 끝나거든."

하고 주의를 시켜 주므로 나도 정신이 좀 들었다.

나는 그 바이올린보다도 응원에 흥미를 갖고 얼른 끝나기만 기다렸다.

연주가 끝나기가 무섭게 우리들은 목이 마른 듯이 손바닥을 치기 시작하였다. 이렇게 치고도 손바닥이 안 헤지나 생각도 하였지만 이 쪽에서,

"재청이오!"

하고 악을 쓰면,

"재청! 재청!"

하고 고함을 냅다 지른다.

나도 두 귀를 막고 "재청!"을 연발했더니 내 앞에 앉은 여학생 계집애가 고개를 뒤로 돌리어 딱한 표정을 하는 것이 아닌가.

이렇게 우리들은 기가 올라서 응원을 하련만 황철이는 시무룩허니 좋지 않은 기색이다. 그 까닭은 우리 십여 명이 암만 악장을 쳐도 큉하게 넓은 그 장내, 그 청중으로 보면 어서 떠드는지 알 수 없을 만치 우리들의 존재가 너무 희미하였다. 그뿐 아니라 재청을 요구함에도 불구하고 이번에는 말쑥이 차린 신사 한 분이 바이올린을 옆에 끼고 나오는 것이다.

신사는 예를 멋지게 하고 또 역시 멋지게 바이올린을 턱에 갖다 대더니 그 무슨 곡조인지 아주 장쾌한 음악이다. 그러자 어느 틈에 그는 제멋에 질리어 팔뿐 아니라 고개며 어깨까지 바이올린 채를 따라다니며 꺼떡꺼떡하는 모양이 애, 이놈 참 진짜로구나, 하고 감탄 안 할 수 없다. 더구나 압도적 인기로 청중을 매혹케 한 그것을 보더라도 우리 악사보다 몇 배 뛰어넘을 알 것이다.

그러나 내가 더 놀란 것은 넓은 강당을 뒤엎는 듯한 그 환영이다. 일반 군중의 시끄러운 박수는 말고 위층에서(한 삼사십 명 되리라) 떼를 지어 악을 쓰는 것이 아닌가. 재청 소리에 귀청이 터지지 않은 것도 다행은 허나, 손뼉이 모자랄까 봐 발까지 굴러 가며 거기에 장단을 맞추어 부르는 재청은 참으로 썩 신이 난다. 음악도 이만하면 나는 얼마든지 들을 수 있다 생각하였다. 그리고 저도 모르게 어깨가 실룩실룩하다가 급기야엔 나도 따라 발을 구르며 재청을 청구하였다. 실상 바이올린도 잘했거니와 그러나 나는 바이올린보다 씩씩한 그 응원을 재청한 것

이다. 그랬더니 황철이가 불끈 일어서며 내 어깨를 잡고,

"이리 좀 나오너라."

이렇게 급히 잡아끈다. 그리고 아무도 없는 변소로 끌고 와 세워놓더니,

"너 누굴 응원하러 왔니?"

하고 해쓱한 낯으로 입술을 바르르 떤다.

이놈은 성이 나면 늘 이 꼴이 되는 것을 잘 알므로,

"너 왜 그렇게 성을 내니?"

"아니, 너 뭐 하러 예 왔냐 말이야?"

"응원하러 왔지!"

하니까 놈이 대뜸 주먹으로 내 복장을 꽉 지르며,

"예이, 이자식! 우리건 고만 납작했는데 남을 응원해 줘?"

그리고 또 주먹을 내대려 하니 암만 생각해도 아니꼽다. 하여튼 잠깐 가만히 있으라고 손으로 주먹을 막고는,

"너 왜 주먹을 내대니, 말루 못해?"

하다가,

"이놈아! 우리 얼굴에 똥칠한 것 생각 못허니?"

하고 또 주먹으로 대들려는 데는 더 참을 수 없다.

"돼지고기 만두 안 먹으면 그만이다!"

이렇게 한 마디 내뱉고는 나는 약이 올라서 부리나케 층계로 내려왔다.

심청

거반 오정이나 바라보도록 요때기를 들쓰고 누웠던 그는 불현듯 몸을 일으켜가지고 대문 밖으로 나섰다. 매캐한 방구석에서 혼자 볶을 만치 볶다가 열벙거지가 벌컥 오르면 종로로 뛰어나오는 것이 그의 버릇이었다.

그러나 종로가 항상 마음에 들어서 그가 거니느냐 하면 그런 것도 아니다. 버릇이 시키는 노릇이라 울분할 때면 마지못하여 건성 싸다닐 뿐 실상은 시끄럽고 더럽고 해서 아무 애착도 없었다. 말하자면 그의 심청*이 별난 것이었다. 팔팔한 젊은 친구가 할 일은 없고 그날 그날을 번민으로만 지내곤 하니까 나중에 배짱이 돌아앉고, 따라 심청이 곱지 못하였다. 그는 자기의 불평을 남의 얼굴에다 침뱉듯 뱉어 붙이기가 일쑤요, 건뜻하면 남의 비위를 긁어 놓기로 한 일을 삼는다. 그게 생각하면 좀 잣다르나* 무딘 그 생활에 있어서는 단 하나의 향락일는지도 모른다.

---

* 심청 마음보.
* 잣다르다 하는 짓이 잘고 다랍다(표준말은 잗달다).

그가 어슬렁어슬렁 종로로 나오니 그의 양식인 불평은 한두 가지가 아니었다. 자연은 마음의 거울이다. 원체 심보가 이 뻔새*고 보니 눈에 띄는 것마다 모두 아니꼽고 구역이 날 지경이다.

허나 무엇보다도 그의 비위를 상해 주는 건 첫째 거지였다. 대도시를 건설한다는 명색으로 웅장한 건축이 날로 늘어 가고 한편에서는 낡은 단층집은 수리조차 허락지 않는다. 서울의 면목을 위하여 얼른 개과천선*하고 훌륭한 양옥이 되라는 말이었다. 게다 각 상점을 보라. 객들에게 미관을 주기 위하여 서로 시새워 별의별 것을 다해 가며 어떠한 노력도 물질도 아끼지 않는 모양 같다. 마는, 기름때가 짜르르한 헌 누더기를 두르고 거지가 이런 상점 앞에 버티고 서서, 나리! 돈 한 푼 주우, 하고 어줍대는 그 꼴이라니 눈이 시도록 짜장 가관이다. 이것은 그 상점의 치수를 깎을뿐더러 서울이라는 큰 위신에도 손색이 적다 못할지라. 또는 신사숙녀의 뒤를 따르며 시부렁거리는 깍쟁이의 행세 좀 보라. 좀 심한 놈이면 비단 걸이고 단장 보이고 닥치는 대로 그 까마귀 발로 움켜잡고는 돈 안 낼 테냐고 제법 혹닥인다. 그런 봉변이라니 보는 눈이 다 붉어질 노릇이 아닌가! 거지를 청결하라. 땅바닥의 쇠똥말똥만 칠 게 아니라 문화 생활의 장애물인 거지를 먼저 치우라. 천당으로 보내든, 산 채로 묶어 한강에 띄우든 ──── .

머리가 아프도록 그는 이러한 생각을 하며 어청어청 종로 한복판으로 들어섰다. 입으로는 자기도 모를 소리를 괜스리 중얼거리며.

"나리! 한 푼 줍쇼."

언제 어디서 빠졌는지 애송이 거지 한 마리(기실 강아지의 문벌이 조금 더 높으나)가 그에게 바짝 붙으며 긴치 않게 조른다. 혓바닥을 길게 내뽑아 윗입술에 흘러내린 두 줄기의 노란 코를 훔쳐 가며 조르자니

---

* 뻔새 본새. 생김새. 됨됨이.
* 개과천선(改過遷善) 잘못을 고치고 착하게 됨.

썩 바쁘다.

"왜 이럽쇼, 나리! 한 푼 주세요."

그는 속으로 피익 하고 선웃음이 터진다. 허기진 놈보고 설렁탕을 사달라는 게 옳겠지 자기 보고 돈을 내랄 적엔 요놈은 거지 중에도 제일 액수 사나운 놈일 게다. 그는 들은 척 않고 그대로 늠름히 걸었다. 그러나 대답 한 번 없는 데 골딱지가 났는지 요놈은 기를 복복 쓰며 보채되 정말 돈을 달라는 겐지 혹은 같이 놀자는 겐지, 나리! 왜 이럽쇼, 왜 이럽쇼, 하고 사알살 약을 올려가며 따르니, 이거 성이 가셔서라도 걸음 한번 머무르지 않을 수 없다. 그는 고개만을 모로 돌리어 거지를 흘겨보다가,

"이 꼴을 보아라!"

그리고 시선을 안으로 접어 꾀죄죄한 자기의 두루마기를 한번 쭈욱 훑어 보았다. 하니까 요놈도 속을 차렸는지 됨됨이 저렇고야, 하는 듯싶어 저도 좀 노려보더니 제물에 떨어져 나간다.

전찻길*을 건너서 종각 앞으로 오니 졸지에 그는 두 다리가 멈칫하였다.

그가 행차하는 길에 다섯 간쯤 앞으로 열댓 살 될락말락한 한 깍쟁이가 벽에 기대어 앉았는데 깜박깜박 졸고 있는 것이다.

얼굴은 노란 게 말라빠진 노루 가죽이 되고 화로전에 눈 녹듯 개개풀린 눈매를 보니 필연 신병*이 있는데다가 얼마 굶기까지 하였으리라. 금시로 운명하는 듯싶었다. 거기다 네 살쯤 된 어린 거지는 시러죽은 고양이처럼, 큰놈의 무릎 위로 기어오르며, 울 기운조차 없는지 입만 벙긋벙긋, 그리고 낯을 찌푸리며 투정을 부린다. 꼴을 봐한즉 아마 시

---

* **전차(電車)** 전동기를 장치하고 이에 궤도나 또는 공중에 건너질러 놓은 전선으로부터 전력에 의해서 궤도 위를 달리는 차량.
* **신병(身病)** 몸에 생긴 병.

골서 올라온 지도 불과 며칠 못 되는 모양이다.

이걸 보고 그는 잔뜩 상이 흐렸다. 이 벌레들을 치워 주지 않으면 그는 한 걸음도 더 나갈 수가 없었다.

그러자 문득 한 호기심이 그를 긴장시켰다. 저 쪽을 바라보니 길을 치고 다니는 나리가 이 쪽을 향하여 꺼불적꺼불적 오는 것이 아닌가. 그리고 뜻밖의 나리였다. 고보 때에 같이 뛰고 같이 웃고 같이 즐기던 그리운 동무. 예수를 믿지 않는 자기를 향하여 크리스찬이 되도록 일상 권유하던 선량한 동무이었다. 세월이란 무언지 장래를 화려히 몽상하며 나는 장래 '톨스토이*'가 되느니 '칸트'가 되느니 떠들며 껍적이던 그 일이 어제 같건만 자기는 깍 주체궂은 밥통이 되었고 동무는 나리로 ──. 그건 그렇고 하여튼 동무가 이 자리의 나리로 출세한 것만은 놀람과 아울러 아니 기쁠 수가 없었다.

'오냐! 저게 오면 어떻게 나의 갈 길을 치워 주겠지.'

그는 멀찌감치 섰는 채 조바심을 태워 가며 그 경과를 기다렸다. 딴은 그의 소원이 성취되기까지 시간은 단 일 분도 못 걸렸다. 그러나 그는 눈을 감았다.

"아야아 으응. 응, 갈 테야요."

"이 자식! 골목 안에 박혀 있으라니깐 왜 또 나왔니, 기름 강아지같이 뻔질뻔질한 망할 자식!"

"아야아, 음, 응, 아야아, 갈 텐데 왜 이리 차세요, 응, 응."

하며 기름 강아지의 울음소리는 차츰차츰 멀리 들려온다.

"이 자식! 어서 가라, 쑥 들어가아."

---

* **톨스토이** 러시아의 작가. 작품으로 〈전쟁과 평화〉, 〈안나 카레니나〉, 〈부활〉 등이 있음(1828~1910).

톨스토이

하는 날벽력! 소란하던 희극은 잠잠하였다. 그가 비로소 눈을 뜨니 어느덧 동무는 그의 앞에 맞닥뜨렸다. 이게 몇 해 만이냔 듯 자못 반기며 동무는 허둥지둥 그 손을 잡아 흔든다.

"아, 이게 누구냐? 너 요새 뭐 하니?"

그도 쾌활한 낯에 미소까지 보이며,

"참 오래간만이로군!"

하다가,

"나야 늘 놀지. 그런데 요새도 예배당에 잘 다니나?"

"음, 틈틈이 가지. 내 사무란 그저 늘 바쁘니까……."

"대관절 고마우이, 보기 추한 거지를 쫓아 주어서. 나는 웬일인지 종로 깍쟁이라면 이가 북북 갈리는걸!"

"천만에, 그야 내 직책으로 하는 걸 고마울 거야 있나."

하며 동무는 거나하여 흥있게 웃는다. 이 웃음을 보자 돌연히 그는 점잖게 몸을 가지며,

"오, 주여! 당신의 사도 베드로를 나리사 거지를 치워 주시니 너무나 감사하나이다."

하고 나직이 기도를 하고 난 뒤에 감사와 우정이 넘치는 탐탁한 작별을 동무에게 남겨 놓았다. 자기가 베드로의 영예에서 치사를 받은 것이 동무는 무척 신이 나서 으쓱이는 어깨로 바람을 치올리며 그와 반대쪽으로 걸어간다.

때는 화창한 봄날이었다. 전신줄에서 물찌똥을 내리깔기며,

"비리구 배리구."

지저귀는 제비의 노래는 그 무슨 곡조인지 하나도 알려는 사람이 없었다.

생의 반려

동무에 관한 이야기를 쓰는 것이 옳지 않은 일일는지 모른다. 마는, 나는 이 이야기를 부득이 시작하지 아니치 못할 그런 동기를 갖게 되었다. 왜냐면, 명렬 군의 신변에 어떤 불행이 생겼다면 나는 여기에 큰 책임을 지지 않을 수 없는 까닭이다.

현재 그는 완전히 타락하였다. 그리고 나는 그의 타락을 거들어 준, 일테면 조력자쯤 되고 만 폭이었다. 그렇다고 이것이 단순히 나의 변명만도 아닐 것이다. 또한 나의 사랑하는 동무, 명렬 군을 위하여 참다운 생의 기록이 되어 주기를 바란다. 그것은 바로 사월 스무이렛날이었다.

내가 밤중에 명렬 군을 찾아간 이유는(허지만 이유랄 건 없고 다만) 잠깐 만나 보고 싶었다. 그의 집도 역시 사직동이고 우리 집과 불과 오십여 간 상거*밖에 안 된다. 그러함에도 불구하고 그는 나를 찾아오는 일이 별로 없었다. 물론 나는 불평을 토하고 투덜거린 적이 없는 것도 아

---

* 상거(相踞) 서로 떨어져 있는 두 곳의 거리.

니다. 그러나 다시 생각하고 눈덮어 두기로 하였다. 그 까닭은, 그는 사람 대하기를 극히 싫어하는 이상스러운 성질의 청년이기 때문이었다. 범상에서 벗으러진* 상태를 병이라고 한다면 이것도 결국 큰 병의 일종이겠다.

그래서 내가 가끔 이렇게 찾아가곤 하는 것이다.

방문을 밀고 들어서니 그는 여전히 텁수룩한 머리를 하고, 방 한 구석에 놓인 책상 앞에 웅크리고 앉았다. 물론 난 줄은 알리라마는 고개 한번 돌리어 보는 법 없었다.

나는 방바닥에 털썩 주저앉으면서,

"뭐 공부허니?"

하고 말을 붙이었다.

그는 아무 대답 없이 책상 위에서 영어사전만 그저 만직거릴 따름이었다. 그 태도가 글자를 읽는 것도 아니요, 그렇다고 아주 안 읽는 것도 아닌, 그렇게 몽롱한 시선으로 이 페이지 저 페이지 넘기고 있는 것이다. 이걸 본다면 무슨 생각에 곰곰 잠기어 있는 것이 분명하였다.

"남이 뭐래면 대답 좀 해라."

나는 이렇게 퉁명스레 말을 했으나, 지금 그가 무엇을 생각하고 있는지 나라고 모를 배도 아니었다. 궐련에 불을 붙이고 나서 나는 혼잣소리로,

"오늘도 편지했나!"

하고 연기를 내뿜었다.

그제서야 그는 정신이 나는지 내게로 고개를 돌리더니,

"내 너 오길 지금 기다렸다."

하고 나를 이윽고 바라보고는,

---

* 벗으러지다 어떤 범위에서 벗어나다(표준말은 버스러지다).

"너에게 청이 하나 있는데."

하며 도로 영어사전께로 시선을 가져간다. 제깐에 내가 그 청을 들어줄지 혹은 않을지, 그게 미심하여 속살을 이야기하기 전에 나의 의향부터 우선 들어보자는 모양이었다.

나는 선선히 받으며,

"청이랄 게 뭐 있나? 될 수 있다면 해 보겠지."

"고맙다, 그럼⋯⋯."

하고 그는 불현듯 생기가 나서 책상 서랍을 열더니 언제 써 두었던 것인지, 피봉에 넣어 꼭 봉한 편지 한 장을 내 앞에 꺼내 놓는다. 그리고 흥분되어 더듬는 소리로,

"이 편지 좀, 지금 좀 곧 전해다우."

하고 거지반* 애원이었다.

마치 이 편지를 지금 곧 전하지 않는다면 무슨 큰 화라도 일듯이 그렇게 서두는 것이다. 그의 말을 들어 보면 동무에게 이런 편지를 부탁하는 것은 물론 미안한 줄은 안다, 하고 그러나 너에게 이런 걸 청하는 것도 이것이 마지막일는지 모르니 그쯤 소중히 여기고 충심으로 진력하여 달라 하는 것이다.

그리고 마지막에 와서는,

"너 그리고 답장을 꼭 받아 가지고 오너라."

하고 아까부터의 당부를 또 다진다.

"그래."

나는 단마디로 이렇게 쾌히 승낙하고 거리로 나섰다. 그러나 이것은 결코 나의 의사에서 나온 행동도 아니거니와, 또한 이 편지를 어떻게 처치해야 옳을지 그것조차 생각해 본 일도 없었다. 동무의 간곡한 소청

---

* 거지반 절반 이상. 거의.

이요, 그래 마지못하여 받아들고 나왔을 그뿐이었다.

야사쿠라* 때라 붐비는 밤거리를 헤어 내려오며 나는 이 편지를 저쪽에 전해야 옳을지 어떨지, 그걸 분간 못하여 얼떨떨하였다. 우편으로 정성스러이 속달을 띄워도 '수취 거절' 이란 부전이 붙어서 돌아오고 하는 그곳이었다. 내가 손수 들고 갔다고 하여 끔뻑해서 받아 줄 리도 없을 것이다.

나는 편지를 호주머니에 넣을 생각도 않고 한 손에 그냥 떠받쳐 든 채 떠름한 시선으로 보고 또 보고 하였다.

여기가 나의 큰 과실일는지 모른다. 애당초에 왜 딱 잘라 거절을 못하였는가, 생각하면 두고두고 후회가 나는 것이다.

그러나 다시 생각컨대 내가 이 편지를 아무 군말 없이 들고 나온 것도 달리 딴 이유가 있을 듯싶다. 다만 동무의 청이라는 그것만이 아닐 것이다. 그렇다면 확실히 나는 이걸 나에게 내놓을 때의 명렬 군이 가졌던 야릇하게도 정색한 그 표정에 기가 눌렸는지도 모른다. 오랜 동안 볕을 못 본 탓으로 얼굴은 누렇게 들떴고 손 안 댄 입가에는, 스물셋으론 곧이 듣지 않을 만치 제법 검은 수염이 난잡히 뻗치었다. 물론 번히*는 싱싱해야 할 두 볼은 꺼지고, 게다 연일 철야로 눈까지 퀭 들어간, 말하자면 우리에 갇힌 사람이라기보다는 짐승에 가까웠다. 거기다 눈에 눈물까지 보이며 긴장이 도를 넘어 떨리는 어조로 이 편지를 부탁했던 것이다.

이걸 본다면 이것이 얼마나 중대한 편지임을 알 것이다. 만일에 이 편지가 제대로 못 가고 본다면 필연 명렬 군은 온전히 그냥 있지는 않으리라.

하여튼 나는 그걸 가지고 갈 곳까지 다다랐다.

내가 발을 멈춘 데는 돈의동 뒷골목이었다. 바로 내 앞에 쳐다보이

---

* 야사쿠라 밤 벚꽃(사쿠라) 놀이를 뜻함.
* 번히 뚜렷하고 훤하게. 번연히.

는, 전등 달린 대문이 있고 그 옆으로 차돌에 나명주라고 새긴 문패가 달리었다. 안에서는 웃음소리와 아울러 가끔 노래가 흘러 나오련만 대문은 얌전히 듣닫기었다.

나의 임무는 즉, 이 집에다 편지를 바치고 그 답장을 받아 오는 것이다. 그러나 아무리 생각하여 보아도 다가서서 대문을 두드려 볼 용기가 나질 않는다. 이 편지가 하상* 뭐길래 그가 탐탁히 받아 주랴, 싶어서이다. 마는, 어떻게 생각하면 사람의 일이라 예외를 알 수 없고, 그리고 한편 전인으로 이렇게까지 왔음에도 호기심으로라도 받아 줄지 알 수 없다. 우선 공손히 바쳐나 보자, 생각하고 나는 문 앞으로 바특이 다가서 본다.

그러나 설혹 받아 준다 치고 요망스레 뜯어서 한번 쭉 훑어 보고 내동댕이친다면 그 때 내 꼴이 무엇이 되겠는가. 아니, 나보다는 이걸 쓰기에 정성을 다한 명렬 군이 첫대 모욕을 당할 것이다. 여하한 일이라도 동무는 욕보이고 싶지 않다, 생각하고 나는 다시 대문을 떨어져 저만치 물러선다.

이러기를 서너 차례 한 다음에 나는 딱 결정하였다. 편지를 호주머니에 넣고 그대로 사직동을 향하여 올라갔다.

내가 명렬 군의 집으로 막 들어가려 할 제 등 뒤에서 갑자기,

"재."

하고 누가 부른다.

돌아다보니 저편 언덕에 그가 풀대님*으로 서 있는 것이다. 내가 그 길로 올 줄 알고 먼저부터 고대하고 서 있는 모양이었다.

그는 나를 데리고 사직공원으로 올라가며,

"전했니?"

---

* 하상(何嘗) 처음부터 캐어 본다면. 따지고 보면.
* 풀대님 바지 등을 입고 대님을 치지 않고 그대로 터놓는 일.

하고 조급히 묻는 것이다.

"응."

하고 나는 코대답으로 받았으나 그것만으로는 좀 불충분함을 깨닫고,

"잘 전했다."

하고 명백히 대답하였다.

"그래 잘 받디?"

"전 뭔데 사람이 보내는 걸 아니 받을까?"

나는 이렇게 큰소리는 하긴 했으나 뒤미처,

"그럼 답장은?"

하고 묻는 데는,

"답장은……."

그만 얼떨떨하지 않을 수 없었다. 미처 거기까지는 생각이 돌지 않았던 까닭이었다.

조금 주저하다가,

"답장은 못 받아 온걸!"

하고 얼버무렸으나 그것만으로 또 부족할 듯싶어서,

"가 보니까 명주는 놀음을 나가고 없더구먼. 그러니 그걸 보고 오자면 새벽 두 점이 될지 넉 점이 될지 알 수 있어야지? 그래 안잠자기*를 보고 아씨 오거든 꼭 전하라고 신신당부를 하고 왔다."

하고 답장을 못 받아 온 그 연유까지 또박또박히 고하였다.

그러나 그는 편지를 그 집에 두고 온 것만으로도 적이 만족한 눈치였다. 나의 바른손을 두 손으로 꼭 죄어 잡고는,

"고맙다."

하고 치사를 하는 것이다.

---

* 안잠자기 남의 집에서 일을 도와 주며 사는 여자.

그 때 나는 그의 눈 위에서 달빛에 번쩍거리는 그걸 보았다. 이렇게 거짓말을 하고도 죄가 헐할까 싶어서 나는 그에게 대하여 미안하다기보다도 오히려 죄송스러운 생각에 가슴이 끌밋하였다. 나는 쾌활히 그 등을 치며,

"맘을 조급히 먹지 말아라. 무슨 일을 밥 먹듯 해서야 되겠니? 저도 사람이면 언젠가 답을 할 때도 있겠지."

"답장?"

하고 그는 숙인 고개를 들더니,

"그대로는 답장 안 한다."

"그대로 안 하는 건 뭐야? 염려 마라, 언제든지 내 가서 직접 받아 오마."

일상 덜렁거리다 패를 당하는 나이지만 또 객쩍은* 소리까지 지껄여 놓았다. 내 딴은 잠시나마 그에게 기쁨을 주고자 했음이 틀림없을 것이나, 물론 그 결과가 어떻게 되는 것까지는 생각지 못하였다.

그러니까 그로 말하면 나의 장담에 다시 희망을 품고,

"그럼, 너 미안하지만 다시 한 번 편지를 전해 줄래? 그리고 이번에는 답장을 꼭 맡아오너라."

하고 다시 청한 것도 조금도 무리는 아닐 것이다.

이렇게 거짓말에서 시작되어 엉뚱한 일이 벌어지게 되었다.

물론 전부를 나의 책임으로 돌리지 않을 수 없는 것이나, 한편 따져 보면 명렬 군도 그 일부를 지지 않을 수 없다. 왜냐면 그는 먼저도 말한 바와 같이 보통 성질의 인물이 아니기 때문이다.

지금 그가 편지를 쓰고 있는 이것이 언뜻 생각하면 연앨는지도 모른다. 상대가 여성이요, 그리고 연일 밤을 새워 가며 편지를 쓴다면, 두말없

---

*객쩍다 (말이나 행동이) 쓸데없고 실없다.

이 다들 연애라고 이렇게 단정하리라. 마는, 이것은 결코 흔히 말하는 그 연애는 아니었다. 그 연애란 것은 상대에게서 향기를 찾고, 아름다움을 찾고, 다시 말하면 상대를 생긴 그대로 요구하는 상태의 명칭이겠다.

그러나 그의 연애는 상대에게서 제 자신을 찾아 내고자, 거반 발광을 하다시피 하는 것이다. 물론 상대에게는 제 자신이 그림자도 비치지 않았다. 그러므로 이것은 차차 이야기하리라마는 때로는 폭력을 가지고 상대에게 대들어 나를 요구하는, 그런 궤변*까지 이르게 되는 것이다.

하니까 이것은 결코 연애가 아니라 하는 것이 가당하리라.

첫째로 그의 편지는 연서가 아니었다. 보건대 연서는 대개 상대를 꽃다웁게 장식하였다. 그의 편지는 상대의 추악한 부분이란 일일이 꼬집어 뜯어서 발겨 놓는, 말하자면 태반이 욕설이었다. 그러므로 상대는 답장을 안 할 뿐만 아니라 때로는 받기를 거절하였다. 그리고 둘째로는 그 상대가 화류계의 인물이요, 그러함에도 불구하고 명렬 군보다는 다섯 해가 위였다. 삼십이 가깝다면 기생으로는 한 고비를 넘어 시든 몸이었다. 게다가 외양도 출중나게 남달리 두드러진 곳도 없었다. 이십 전후의 팔팔한 친구로는 도저히 매력이 느껴지지 않을 그런 인물이었다.

그럼 어째서 명렬 군이 하필 그런 여자에게 맘이 끌렸겠는가. 여기에 대하여는 나는 설명을 삼가리라.

우선 명렬 군의 말을 들어 보자.

그가 명주를 처음 본 것은 작년 가을이었다. 수은동 근처에서 오후 한 시경이라고 시간까지 외고 있는 것이다. 그가 집의 일로 하여 봉익동엘 다녀올 때 조그만 손대야를 들고 목욕탕에서 나오는 한 여인이 있었다. 화장 안 한 얼굴은 창백하게 바랬고 무슨 병이 있는지 몹시 수척한 몸이었다. 눈에는 수심이 가득히 차서, 그러나 무표정한 낯으로 먼

---

* 궤변(詭辯) 형식적으로 옳은 듯이 꾸미나, 본질이나 도리에 맞지 않는 말솜씨.

하늘을 바라본다. 흰 저고리에 흰 치마를 훑어 안고는 땅이라도 꺼질까 봐 이렇게 찬찬히 걸어 나오려는 것이었다.

그 모양이 세상 고락에 몇 번 씻겨나온 듯한, 이제는 삶의 흥미를 잃은 사람이었다. 명렬 군은 저도 모르고 물론 따라갔다. 그 집까지 와서 안으로 놓쳐 버리고는 그는 제 넋을 잃은 듯이 한참 멍하고 서 있었다.

그리고 집에 돌아와 그 날 밤부터 편지를 쓰기 시작하였다. 매일 한 장씩 보내었다.

그러나 답장은 한 번도 없었다. 열흘이 지나도, 보름이 넘어도 역시 답장은 없었다. 그럴수록 그는 초조를 품고 더욱 열심히 편지를 띄웠다. 밤은 전부 편지쓰기에 허비하였다. 그리고 낮에는 우중충한 방에서 이불을 들쓰고는 날이 저물기를 고대하였다. 밤을 새운 몸이라 까무러져 자기도 하였으나, 그러나 대개는 이불 속에서 눈을 감고는 그 다음 밤이 되기를 기다렸다.

그전에도 가끔가다 망령이 나면 이런 버릇이 없었던 것은 아니나, 이렇게까지 장구히 계속되기는 이 때가 시초이었다.

이제 생각하여 보건대 사람은 아마 극히 슬펐을 때 가장 참된 사랑을 느끼는 것 같다. 요즘에 와서 명렬 군은 생의 절망, 따라서 우울의 절정을 걷고 있었다. 그의 환경을 뒤집어 본다면 심상치 않은 그 행동을 이해 못 할 것도 아니다. 마는, 거기 관하여는 추후로 밀리라.

내가 어쩌다 찾아가 들여다보면 그는 헐없이* 광인*이었다. 햇빛 보기를 싫어하는 그건 말고라도 거칠어진 그 얼굴이며 안개낀 그 눈매, 누가 보든지 정신병 환자이었다.

거기다가 방까지 역시 우울하였다. 남쪽으로 뚫린 들창이 하나 있기는 하나, 검은 휘장으로 가리어 광선을 콱 막아 버렸다. 그리고 담배 연

* 헐없이 달리 어떻게 할 도리가 없이(표준말은 하릴없이).
* 광인(狂人) 미친 사람. 미치광이.

기로 방 안은 꽉 찼다.

나는 그를 대할 적마다 불길한 예감이 느껴지지 않을 수 없었다. 커다란 쇳덩어리가 그를 향하여 차츰차츰 내려오는 듯싶었다. 언제이던가, 그는 그대로 있지 않으리라고 이렇게 나는 생각하였다.

하루는 나는 마음을 딱하게 먹고 명주를 찾아갔다.

아무리 생각하여도 이 계집은 사람이 아니었다. 그만큼 남의 편지를 받았으면 설혹 쓰기가 싫다 하더라도 답장 한 장쯤 함직한 일일 게다. 얼마나 도도하기에 무턱대고 편지만 집어먹는가?

당장에 가서 그 이유를 캐 보고 싶었다. 그리고 될 수 있다면 답장 하나 받아다가 주고 싶었다.

날은 어두웠으나 아직 초저녁이었다. 그렇건만 대문은 그 때도 꼭 닫혀 있었다.

주먹으로 문을 두드리며 우렁찬 소리로,

"이리 오너라."

하였다.

기생집에 오기에 꼴은 초라할망정 음성까지 죽어질 건 없었다.

다시 커다랗게, 그러나 위엄이 상치 않도록,

"문 열어라!"

하고 소리를 내질렀다.

그제서야 안에서 인기가 나더니 문이 열리었다. 그리고 한 삼십여 세되어 보이는 여편네가 고개를 내어밀어 나의 아래위를 쑥 훑더니,

"누굴 찾으셔요?"

하고 묻는 것이다. 걸걸한 목소리가 이 집의 안잠자기인 듯싶었다.

이런 때,

"명주 있나?"

하고 어줍댔더면* 통했을지도 모른다. 원체 숫배기*라 기생집의 예의

는 조금도 모르므로,

　"저, 나 명주 선생 좀 만나러 왔소."

하니까 그는 공연스레 눈살을 접더니,

　"놀음 나가셨어요."

이렇게 토라지는 소리를 내는 것이다. 그리고 내가(하긴 소용도 없는 말이나) 미처,

　"어디로 나갔소?"

하고 다 묻기도 전에 문을 탁 닫아 버리고는,

　"모르겠어요."

하고 만다.

　이럴 때 본인은 웃고 말아야 할 것이나, 나는 짜장 약이 올랐다. 문짝을 부숴 버릴까 하다가 결국에는 이젠 죽어도 기생집엔 다시 안 오리라고 결심하고, 그대로 돌아섰다.

　그리고 그 길로 횡하게 명렬 군을 찾아갔다.

　나는 분김에 사실을 저저이* 설파하고,

　"너 때문에 내가 욕봤다."

하고 골을 내었다. 하기는 그가 가라고 했던 것도 아니건만…….

　그리고 말을 이어서 기생집에 있는 것들은 전부 사람이 아니다, 만에 하나라도 사람다운 점이 있다면 보름씩이나 편지를 받고도 답장 하나 안 할 리 없다. 거기서도 너를 전혀 사람으로 치질 않는다, 생각해 보아라, 네가 뭐길래 기생이 너를 보고 끔찍이 여기겠니, 이 땅에는 너 이외에 돈 있고 명예 있는, 그런 유복한 사람이 허다하다, 기생이란 그들의 소유물이지 결코 네가 사랑하기 위하여 생겨난 존재는 아니다, 라고 이

＊**어줍다**　말이나 행동이 익숙지 않아 서투르고 어설프다.
＊**숫배기**　순진하고 어수룩한 사람. 표준말은 숫보기.
＊**저저이**　있는 사실대로 낱낱이 모두.

렇게 세세히 설명하고,

　"아까만 하더라도 그 계집이 나에게 대한 태도를 보아라. 내가 만일 주단*을 흘리고 갔더라면 어서 들어오라고 온 집안이 끓어 나와서 야단일 게다. 이것들이 그래 사람이냐?"

하고 듣기 싫은 소리를 늘어놓으니까 그는 쓴낯을 하고,

　"없으니까 없다 했겠지, 설마 널 떼겠니?"

　"없긴 뭘 없어?"

하고 소리를 빽 질렀다.

　그리고 또 기생도 기생 나름이었다. 그것도 젊다면 모를까 나이 이미 삼십을 바라보는 늙은이다. 이걸 뭘 보고 정신이 쏠리는가.

　이런 건 정신병자가 아니면 하기 어려운 장난임을 다시 명백히 하여 주고,

　"오늘부터 편지를 끊어라. 허구 많은 계집애에 어디 없어서 그까짓 걸……."

　"너는 모르는 소리야!"

　그는 이렇게 더 듣고 싶지 않다는 듯이 나의 말을 회피하다가,

　"차라리 송장을 연모하는 게 옳겠다."

하고 엇막는 데 그만 불끈하여,

　"듣기 싫다."

하고 호령을 치는 것이다.

　그리고 나를 쏘아보는 그 눈이 담박 벌겋게 충혈되었다.

　나는 그에게 더 충고해야 듣지 않을 것을 알았다. 말다툼에까지 이르지 않았음을 오히려 다행히 여기고 그대로 나와 버렸다. 이렇게 되었으니 그 다음 번 내가 편지를 전하러 갔다가 대문도 못 두드려 보고 와서

＊ 주단(紬緞) 명주와 비단의 총칭. 품질이 좋은 비단.

거짓말을 한 것이 전혀 나의 과실만도 아닐 것이다.

그러나 나는 그를 탓하지는 않았다.

그는 자기의 머릿속에 따로이 저의 여성을 갖고 있는 것이다. 그는 지극히 존경하는 한 여성이 있는 것이다. 그는 그 여성을 저 쪽에 끌어내놓고 연모하기 시작하였다. 그리고 명주는 우연히 그 여성의 모형이 되고 말았을 그뿐이겠다.

내가 명렬 군을 알게 된 것은 고보* 때이었다.

그는 같은 나이에 비하면 숙성한 학생이었다. 키가 훌쩍 크고 넓적한 얼굴을 가진 학생이었다. 말을 할 때에는 좀 덜하나 선생 앞에서 책을 낭독할 적이면 몹시 더듬었다.

그 때 우리는 그를 말더듬이라고 별명을 지었다. 그 대신 그는 말이 드문 학생이었다.

우리는 어떤 때에는 그를 비겁하게도 생각하였다. 왜냐면 그는 여럿이 모인 곳에는 안 가려고 하고 비슬비슬 피하는 소년이었다. 사람이 없을 때에는 운동장에 내려가 철봉을 하고 땅체조를 하곤 하였다. 마는, 점심 시간 같은 때 전교 학생이 몰려 나와 놀게 되면 그는 홀로 잔디밭으로 돌고 하였다. 물론 원족*이나 수학 여행을 갈 적이면 그는 어떠한 이유를 가지고라도 빠지려 하였다.

이렇게 사람을 두려워하는 별난 소년이었다.

그리고 매일 성적이 불량하였다. 특히 사오 학년에 이르러서는 과정 낙제가 자리를 잡을만치 불량하였다. 선생의 말을 빌리면, 재주가 있다고 그 재주를 믿고 공부를 안 한다. 그러나 제 재주를 믿는 것도 다소 학과를 염두에 두는 사람의 말이겠다. 그는 학과에 흥미가 없을 뿐 아니라 우선 학교와 정이 들지 않았다. 그 증거로 일 년 간의 출석 통계를

---

* **고보**(高普) '고등 보통 학교'의 준말.
* **원족**(遠足) 소풍.

본다면 그는 학교에 나온 일수가 삼분지 이가 못 되었다. 담임선생은 화가 나서 이 따위 학생은 첨 보았다, 하고,

"자! 눈으로 보아라. 이게 학교 다니는 놈의 출석부냐?"

하고 코 밑에다 출석부를 들이대고 하였다. 그는 얼굴이 벌개져서 덤덤히 섰을 뿐이었다.

그 언제인가 남산에서 나는 그에게 들은 말이 있었다.

그 날은 그가 쑹쑹거리는 바람에 나도 결석하였다. 우리는 남산으로 올라가 잔디밭에 누워서 책보를 베었다. 그리고 이러쿵저러쿵 지껄이다가 무슨 이야기 끝에,

"마적*이 될려면 어떻게 하는 건가?"

하고 그가 묻는 것이다.

"왜 마적이 되고 싶으냐?"

"아니, 글쎄 말이야."

"되려면 되겠지 뭐, 그까짓 마적쯤 못 되겠니?"

"왜 그까짓 마적이 뭐야!"

하고 그는 눈을 둥그렇게 뜨고 부인하더니,

"너 마적이 싱승한 게다. 좀체 사람은 못 하는 거야. 씩씩하게 먹고 씩씩하게 일하고 좀 좋냐?"

"난 디려 준대도 안 간다."

"누가 디려 주긴 한다디?"

"사람을 안 디리면 전 죽진 않나?"

"그러게 새 단원이 필요할 때엔 모집 광고를 낸단다."

하고 양복 윗호주머니를 뒤지더니 손바닥만하게 오린 신문지 쪽지를 나에게 내주며,

＊마적(馬賊) 청나라 말부터 만주 지방에서 말을 타고 떼를 지어 다니던 도적.

"자, 봐라."

한다.

내가 받아들고 읽어보니 그것은 마적단의 모집 광고를 보고 물 건너 어떤 중학생 셋이 만주로 가다가 신의주* 근방에서 붙들렸다는 기사였다.

나는 다 읽고 나서 도로 내어 주며,

"흥! 그까짓 마적이 돼?"

하고 콧등으로 웃었던 것이다.

그 후에도 한 서너 차례 마적에 대한 이야기를 들은 기억이 난다. 이 걸 보면 그는 참으로 마적이 되고 싶었던 모양이었다. 나는 그를 괴망스럽다고 하였으나 이제 와 보면 당연한 일일 것도 같다.

그는 어려서 양친을 다 여의었다. 그리고 제풀로 돌아다니며 눈치밥에 자라난 소년이었다. 그러면 그의 염인증*도 여기에 뿌리를 박았을지도 모른다.

그에게는 형님이 한 분 있었다. 주색에 잠기어 밤낮을 모르는 난봉꾼*이었다. 그리고 자기 일신을 위하여는 열 사람의 가족이 희생을 하라는 무지한 폭군이었다. 그는 아무 교양도 없었고 지식도 없었다. 다만 그의 앞에는 수십만의 철량이 있어 그 폭행을 조장할 뿐이었다.

부모가 물려주는 거만의 유산은 무릇 불행을 낳기 쉽다. 더욱이 이십오륙의 아무 의지도 신념도 없는 청년에게 있어서는 더 이를 말이 없을 것이다. 그도 이 예에 벗어지지 않았다.

그는 한 달씩 두 달씩 곡기도 끊고 주야로 술을 마시었다. 그리고 집 안으로 기생들을 홀몰아들이어 가족 앞에 드러내 놓고 음탕한 장난을

---

* 신의주(新義州) 평안 북도의 한 시. 압록강 어귀에 있는 중국, 유럽에 이르는 국제 교통의 요지임.
* 염인증(厭人症) 사람을 싫어하는 증상.
* 난봉꾼 허랑방탕한 짓을 하는 사람. 난봉쟁이.

하였다. 한 집으로 첩을 두셋씩 끌어들이어 풍파도 일으켰다. 물론 그럴 돈이 없는 것은 아니나, 치가를 하고 어쩌고 하기가 성이 가신 까닭이었다.

그는 오로지 술을 마시었고 계집과 같이 누웠다. 그것밖에는 아무것도 귀치 않았다. 몸을 조금 움직이려고 하지도 않았을뿐더러 머리는 쓰지 않았다. 하물며 가정사에 이르러서랴. 가족이 앓아 드러누워도 약 한 첩 없고, 아이들이 신이 없다 하여도 신 한 켤레 순순히 사 주지 않는 그런 위인이었다.

술도 처음에는 여러 친구와 떠들고 취하는 맛에 먹었다. 그러나 하도 여러 번 그러는 동안에 그것만으로는 취미가 부족하였다. 그는 시나브로 주정을 하기 시작했다. 이 주정을 몇 번 하다가 흥이 지면 저 주정을 하고 여기에 또 물리면 그담 것을, 이렇게 점점 강렬한 자극을 요구하는 그 주정은 끝이 없었다.

그는 술을 마시면 집안 세간을 부수고 도끼를 들고 기둥을 팼다. 그리고 가족들을 일일이 잡아 가지고 폭행을 하였다. 비녀 쪽을 두 발로 잡고 그 모가지를 밟고 서서는 머리를 뽑았다. 또는 식칼을 들고는, 피해 달아나는 가족들을 죽인다고 쫓아서 행길까지 맨발로 나오기도 하였다. 젖먹이를 마당으로 내팽개쳐서 소동을 일으켰다. 혹은 아이를 우물 속으로 집어 던져서 까무러친 송장이 병원에 갔다.

이렇게 가정에는 매일같이 아우성과 아울러 피가 흘렀다. 가족을 치다치다 이내 물리면 때로는 제 팔까지 이로 물어뜯어서 피를 흘렸다.

이러길 일 년이 열두 달이면 열한 달은 계속되었다.

가장이 술이 취하여 들어오면 가족들은 얼굴이 잿빛이 되어 떨고 있었다. 왜냐면 언제 그 손에 죽을지 그것도 모르거니와 우선 아픔을 이길 수 없는 까닭이었다. 그들은 순전히 잔인 무도한 이 주정꾼의 주정 받이로 태어난 일종의 장난감들이었다. 그리고 그 가정에는 따뜻한 애정도, 취미도, 의리도 아무것도 없었다. 다만 술과 음행, 그리고 비명이 있을 따름이었다.

명렬 군은 유년 시절을 이런 가정에서 자랐다.

그는 뻔질나게 마룻구멍 속으로 몸을 숨기지 않을 수 없었다. 이를 덜덜덜덜 떨어 가며 가슴을 죄었다. 그리고 속으로는,

'언제나 저 자식이 죽어서 매를 안 맞나……' 하고 한탄하였다.

먼촌 일가가 이것을 와 보고 딱하게 여기었다. 이렇게 해선 공부커녕 죽도 글렀다 생각하고,

"명렬이에게 분재*를 해 주게. 그래서 다른 데 가서 따로 공부를 하든지 해야 되지 않겠나?"

하고 충고하였다.

형은 이 말을 듣더니,

"염려 마슈. 내가 어련히 알아서 할라구."

하고 툭 차버렸다. 그리고 같이 술을 잔뜩 먹고는 나중에는 분재 운운하던 그 일가를 목침으로 후려갈겨서 이를 둘이나 분질렀다.

명렬 군은 그 형님에게 마땅히 분재를 해 받을 권리가 있었다. 그러므로 욕심이 과한 그 형은 분재 이야기만 나오면 눈이 뒤집혀서 펄쩍 뛰었다.

"일찍 분재하면 사람 버려. 나처럼 되면 어떡허니? 너는 공부 다 하고 느직해서 살림을 내주마."

이것이 분재 못하는 그의 이유이었다.

그러나 그 많던 재산도 십 년이 채 못 되어 기울게 되었다. 서울에서 살던 형이 명렬 군을 그의 누님에게 떠맡기고 시골로 내려갈 때에는 불과 몇백 석의 땅이 있을 뿐이었다.

---

* 분재(分財) 재산을 나누어 줌.

명렬 군이 차차 장성할수록 그 형에게는 성가스러운 존재였다. 좋은 소리로 그를 서울에 떼내 던지고 저희 식구끼리만 대대의 고향인 그 시골로 내려가고 만 것이었다. 이것이 명렬 군이 고보를 졸업하고 동경에 가려 했으나 집의 승낙이 없어서 그도 못하고, 이럴까 저럴까 망설이며 놀고 있던 때의 일이었다.

이렇게 형의 손에서 기를 못 펴고 자란 그는 누님한테로 넘어오게 되었다. 비로소 살길을 찾은 듯이 그는 기쁘지 않을 수 없었다.

그러나 그 누님도 그의 기대와는 다른 인물이었다.

그는 아직 삼십이 세의 젊은 과부이었다. 열네 살에 시집을 가서 십 년이나 넘어 살다가 쫓기어 왔던 것이다.

돈 있는 친정을 둔 새댁만치 불행한 건 다시 없을 것이다, 라고 하는 건 그를 괴롭히기에 잣달은 구실이 얼마든지 많았다. 썩도록 돈을 묵히고도 시집 하나 살릴 줄 모른다고 은근한 이유로 그도 역시 쫓기어 오고 만 것이다.

그러나 친정에 와도 반기어 그를 맞아 줄 사람은 없었다. 가장인 오빠라는 작자는 매일같이 매만 때리었다. 뿐만 아니라 결국에는 출가 외인이 친정밥 먹는다고 머리를 터지게 해서 거리로 내쫓았다.

이런 풍파를 겪고 혼자 돌아다니다가 근근히 얻은 것이 직업이었다. 그리고 방 한 칸을 세를 얻어 그 월급으로 단독살림을 시작하였다. 물론 그에게는 아무 소생도 없었다.

그 좁은 방에서 남매가 지내다가 이 집으로 온 것은 그 후 일 년이 썩 지나서이다. 시골 간 형이 아우의 입을 막기 위하여 사직동 꼭대기에다 방 둘 있는 조그만 집을 전세로 얻어 준 것이 즉 이 집이었다.

그리고 둘의 생활비로는 누님의 월급이 있을 뿐이었다.

누님은 경무과 분실 양복부에 다니는 직공이었다. 아침 여섯 시쯤 해서 가면 오후 다섯 시에 나오고 하는 것이다. 일공이 칠십 전쯤 되므로 한 달에 공일을 제하면 한 십구 원 남짓하였다. 그걸로 둘이 먹고 쓰고 하는 것이다.

그러나 허약한 젊은 여자에게 공장살이란 견디기 어려운 고역이었다. 공장에 다닌 지 단 오 년이 못 되어 그는 완연히 사람이 변하였다. 눈매는 허황하게 되고 몸은 바짝 파랬다.

그리고 보통 사람이 본다면 대뜸, "저 사람이 미쳤나?" 할만치 그렇게 언사와 행동이 해괴하였다.

번히도 그는 성질이 급하고 변덕이 죽끓듯하던 사람이었다. 거기다 공장에서 얻은 히스테리로 말미암아 그는 제 성미를 제가 걷잡지 못하도록 되었던 것이다.

거기 대하여는 또 따로이 말이 있으리라. 마는, 여기서는 다만 그가 성한 사람이 아니란 것만 알면 고만이다.

낮 같은 때 공장에서 일을 하다가 깜빡 졸 적이 있다. 그러다 삐긋하면 엄지손가락을 재봉틀에 박는다. 마는, 뺄 수는 없고 그대로 서서 쩔쩔매는 것이다. 그러면 감독은 와서 뒤통수를 딱 때리고,

"조니까 그렇지."
하고 눈을 부라린다.

혹은 뒤를 보러 갔다 늦을 적이 있다. 감독은 수상히 여기고 부리나케 쫓아온다. 그리고 잡은참 문을 열어젖힌 뒤 자로다 머리를 때리며,

"암캥이*를 세고 있는 거야?"
하고 또 호령이었다.

그러나 그는 치받치는 설움과 분노를 꾹꾹 참지 않을 수 없다. 감독에게 말대꾸하는 것은 공장을 그만두는 사람의 일이었다.

또는 남자들 틈에서 일을 하는지라 남녀 관계로 시달리는 일이 적지

＊암캥이 암키와.

않았다. 어뜩삐뚝* 건드리는 놈도 있고, 마주 대고 눈을 흘기는 놈도 있었다. 혹은 빈정거리는 놈에 쌈을 거는 놈까지 있었다.

그렇다고 사내와 공장에서 싸울 수는 없는 일이니 그는 역시 참을 수밖에 다른 도리는 없었다.

업신받는 이 분통을 꾹꾹 참아 오다가 겨우 집에 와서야 폭발하는 것이다. 거기에는 만만하고 그리고 양순한 동생이 있기 때문이었다.

그는 집에 돌아와 자기가 애면글면* 장만해 놓은 그릇을 부수었다. 그리고 동생을 향해,

"내가 널 왜 밥을 먹이니?"

하고 눈을 똥그랗게 떴다.

때로는,

"네가 뭐길래 내가 이 고생을 하니?"

하기도 하고,

"이놈아! 내 살을 긁어먹어라."

하고 악장을 치며* 발을 동동 구르기도 하였다. 그리고 그대로 펄썩 주저앉아서 소리를 내어 엉엉 우는 것이다.

물론 이것이 동생에게 대한 설움은 아니었다.

그러나 동생은 이런 소리를 들으면 미안쩍은 생각이 날 뿐 아니라 등줄기에 소름이 쭉 끼치고 하는 것이다.

누님은 날이면 날마다 동생을 들볶았다. 아무 트집도 없이 으레 할걸로 알고 그대로 들볶았다. 그러고 나서 한숨을 휴우, 하고 돌리고는 마음을 진정하고 하는 것이다.

그러니까 동생은 말하자면 그 밥을 얻어먹고 그의 분풀이로 사용되

---

* 어뜩삐뚝 행동이 바르지 못한 모양.
* 애면글면 힘에 겨운 일을 이루려고 온 힘을 쏟는 모양.
* 악장치다 악을 쓰며 싸우거나 떼를 쓰다.

는 한 노동자에 지나지 않았다.

그러나 누님이 기실* 악독한 여자는 아니었다. 앞이 허전하다 하여 그는 시골에서 어린 계집애를 얻딸로 데려다가 기르고 있었다. 결코 동생이 있는 것이 원수스러워 그럴 리는 없었다.

동생이 이리로 오는 당시에만 하여도 누님은 퍽 반색하였다. 밤이 깊은 겨울이건만 그는 손수 책과 금침 등을 머리에 이고 오며,

"너, 이런 걸 잊지 말아라."

하고 아우를 명심시켰다.

"형님에게 설움받던 생각을 하고 너는 공부를 잘해서 훌륭히 되어라."

혹은,

"그까짓 재산, 떼 준대도 받지 말아라. 더럽다!"

이렇게 동생이 굳은 결심을 갖도록 눈물 머금은 음성으로 몇 번 당부를 하고 했던 것이다. 자기 딴은 부모 없이 자란 아우라고 끔찍이 불쌍해하였다.

동생도 빙판으로 그 뒤를 따라오며 감개 무량하여 한숨을 후 쉬고 하였다.

그러던 것이 닷새가 못 되어 그 병의 증세가 일어나기 시작하였다.

이것이 명렬 군이 이 때까지 살아온 그 주위의 윤곽이었다.

그러면 그는 살아 나가려는 의욕이 없었던가, 하고 이렇게 의심할지도 모른다. 마는, 그도 한 개의 신념이 있었고 거기 따르는 노력을 가졌었다. 우선 그 증거로 그는 명주라는 기생을 찾은 것이다. 그리고 그의 누님을 영원히 재우고자, 무서운 동기를 가졌던 것도 역시 그가 살아나갈 길을 찾고 있던 한 노력이었음을 우리는 차차 알 것이다.

---

* 기실(其實) 실제의 사정.

그의 우울증을 타진한다면 병의 원인은 여러 갈래가 있으리라. 마는 그 근본이 되어 있는 원병은, 그는 애정에 주리었다. 다시 말하면 그는 사람에 주리었다.

그는 이따금씩 나에게,

"어머니가 난 보고 싶다!"

이렇게 밑도 끝도 없이 부르짖었다. 나이 찬 기생을 그가 생각하게 된 것도 무리는 아닐 것 같다. 그는 그 속에서 여러 가지를 보았으리라. 즉, 어머니로서, 동무로서, 그리고 연인으로서 명주가 그에게 필요하였다.

그러나 그 때 나로서는 그것까지 이해할 만한 능력이 없었다. 사람 같지 않은 기생이니 그를 위하여 하루라도 일찍이 단념하여 주기만 바랐다.

거짓말을 하고 온 지 사흘째 되는 날이었다.

내가 저녁을 먹고 있으려니까,

"여기 아저씨 계셔요?"

하고 낯익은 소리가 나는 것이다.

얼른 미닫이를 열고 내다보니 그것은 틀림없이 명렬 군의 생조카였다.

"왜?"

"저 우리 아저씨가요, 이거 갖다 드리래요."

그리고 조그맣게 접은 종이쪽을 내준다.

받아들고 펴 보니 그건 간단히,

'좀 왔다가지 못 하겠니?'

이런 사연이었다.

마침 밥상을 물리려던 때이므로 나는 옷을 갈아입었다. 그리고 계집애를 따라 슬슬 나섰다.

"아저씨 지금 뭐 허디?"

"늘 아파서 앓으셔요."

하고 선이는 가엾은 표정을 하는 것이다.

그러나 나는 어쩐지 속이 불안스러웠다. 나를 오라는 그 속을 대충 짐작하고 있기 때문이었다.

내가 들어갔을 때 그의 누님은 마루 끝에서 약을 달이고 있었다.

벽과 뒷간 사이가 불과 칸 반밖에 안 되는 좁은 집이었다. 수채가 게 붙고 장독이 게 붙고 하였다. 뜰이라는 것은 마루와 장독 그 사이에 한 평 반 가량 되는, 말하자면 손바닥만한 깜찍한 마당이었다.

그 마당가에 하얀 입쌀이 여기저기 흩어져 있었다.

이걸 보면 오늘도 그 병이 한 차례 지난 모양이었다. 아마 저녁을 하려다가 그대로 퍼 내던진지도 모른다.

그는 나를 보더니,

"걔가 앓아요."

하고 언짢은 낯을 하는 것이다.

내가 불안한 마음으로,

"글쎄 무슨 병일까요, 혹 몸살이나 아니에요?"

하고 물으니까 그는,

"모르겠어요, 무슨 병인지."

하고는,

"통이 아무것도 안 먹고 저렇게 밤낮 앓기만 해요, 아마 내가……."

하고 미처 말끝도 맺기 전에 행주치맛자락을 눈으로 가져간다. 그리고 몇 번 훌쩍훌쩍하더니,

"내가 야단을 좀 쳤더니 아마 저렇게 병이……."

나에게 이렇게 하소를 하는 것이다.

물론 그는 병이 한 차례 지난 뒤에는 극히 온순한 여자이었다. 그의 생각에는 자기가 들볶아서 동생이 병이 난 줄로 아는 모양이었다.

나는 위안시키는 말로,

"염려마십시오, 봄이 되어서 몸살이 났겠지요."

하고는 건넌방으로 들어갔다.

그는 이불 속에 가만히 누워 있었다. 나를 오라고 고대 불렀으나 물론 인사도 하는 법 없었다. 게슴츠레히* 뜬 눈으로 천장만 뚫어 보고 있을 뿐이었다. 해쓱한 얼굴이며 퀭한 눈이, 며칠 전만도 더 못한 것 같았다. 창백한 손등에는 파란 힘줄이 그대로 비쳐 올랐다. 그리고 얼굴에는, 무거운 우울에 싸여 괴로운 빛이 보이었다.

나는 첫눈에 그가 제 버릇 이외의 다른 병이 있음을 알았다.

얼마 바라보다가,

"너, 어디 아프냐?"

하고 물어 보았다.

그는 무슨 대답을 하려고 입을 열 듯하더니 입맛으로 다셔 버린다. 어딘가 몸이 몹시 괴로운 눈치였다. 낯을 잔뜩 찌푸리고는 역시 천장만 바라보고 있었다.

다시 한 번 큰 소리로,

"어디 아퍼?"

하니까,

"으음."

하고 입속으로 대답하다가,

"어디가?"

---

* 게슴츠레히 정기가 풀려 흐리멍덩한 모양. 게슴츠레. 거슴츠레.

"등이 좀 결린다."

하고 그제서야 그는 내게로 시선을 가져온다. 마는, 사실 등이 결린 것은 아니었으리라.

그 때 나는 등이 왜 결리는가 싶어서,

"그럼 병원엘 좀 가봐라. 병이란 애초에 고쳐야지……."

하고 객쩍게 권하였다.

여기에는 아무 대답도 하지 않았다. 도로 낯을 찌푸려가며 꺽꺽 앓을 따름이었다.

이제 와 생각하면 그는 나의 둔감을 딱하게 여겼을지도 모른다.

누님이 짜서 들고 들어온 약을 그는 요강에 부었다. 그리고는 빈 대접을 윗목으로 쓱 밀어 버렸다.

마치 그 약을 받아먹는 것이 큰 모욕이나 될 듯싶었다.

누님이 이걸 목격하여 봤다면 또 분란이 있었으리라. 그가 나간 다음의 일이라 그대로 무사하긴 하였다.

이걸 본다면 그는 이 때부터도 누님에게 역심을 잔뜩 품고 있었음이 확실하였다.

이윽고 그는 나를 향하여,

"미안하지만 너 한 번만 더 갔다 올래?"

하고 나직이 묻는 것이다.

어딜 갔다 오는 건지 묻지 않아도 환한 일이었다.

"그래라." 하고 선뜻 대답하였다.

하니까 그는 자리 밑에다 손을 디밀더니 편지 하나를 끄집어내 앞으로 밀어놓는다.

"답장을 꼭 맡아 오니라."

"그래."

두말 없이 나는 편지를 들고 나섰다.

답장을 맡아 오겠다, 한 전일의 약속도 미안하였다.

오늘은 어떠한 일이 있더라도 답장을 맡아 오리라고 결심하였다.

내가 여기에 가는 것은 지금이 세 번째다. 한 번은 안잠자기에게 욕을 당하고, 또 한 번은 편지를 전하러 갔다가 대문도 못 열어 보고 그냥 왔다. 한 번도 원 당자를 만나 본 일은 없었다.

사람이 가서 애걸을 하는 데야 답장 하나 안 해 줄 리 없으리라.

이렇게 생각하고 종로를 향하여 내려오다가,

"여! 이 얼마만인가?"

"참 오래간만인걸!"

하고 박인석 군을 만났다.

그는 우리와 함께 고보의 동창이었다. 지금은 보전 법과까지 마치고 전당포를 경영하고 있었다.

나는 그렁저렁 인사를 마치고 헤어지려니까,

"여보게! 내 자네에게 의논할 말이 좀 있는데……."

하고 그 옆 찻집으로 끄는 것이다.

돈푼쯤 있다고 자네, 여보게, 어쩌구 하는 꼴이 좀 아니꼬웠다. 허나 의논이라니까 나는 의논이 무슨 의논일까, 하고 되물었다.

그는 우좌스리 홍차 둘을 시키더니,

"자네 요새는 뭐 하나?"

하고 나에게 묻는 것이다.

"헐 거 있나, 밤낮 놀지."

"그렇게 놀기만 하면 어떡해?"

그는 큰일이나 난 듯이 눈을 둥그렇게 뜬다.

이것 또 어디 쓰는 수작인가 싶어서,

"그럼 안 놀면 어떡허나?"

하니까,

"사람이 일을 해야지 놀면 쓰나!"

하고 제법 점잖게 훈계를 하는 것이다.

나는 모욕당한 자신을 느꼈으나 꾹 참고 차를 마셨다.

그도 차를 몇 번 마시더니 주머니에서 시계를 끄집어낸다. 산 지 얼마 안 되는 듯싶은 누런 시계에 누런 줄이었다.

"허, 시간이 늦었구면. 시간이 안 늦었으면 극장엘 같이 가려 했더니."

하고 뽐을 내는 것이다.

실상은 극장이 아니라, 새로 산 그 시계를 보이고 싶었던 것이다.

"자네, 취직 하나 안 하려나?"

"뭔데?"

하고 쳐다보니까,

"그런 게 아니라, 저 내 아들이 하나 있는데 말이야. 그놈을 유치원엘 넣었더니 숫제 가기 싫어한단 말이지. 응석으로 자라서 에미의 품을 못 떨어져. 그래 자네더러 와서 같이 데리고 좀 놀아 달란 말일세, 일테면 가정교사지."

하고 나의 눈치를 쓱 훑어 보고는,

"자네 의향은 어떤가?"

친구보고 제 자식하고 놀아 달라는 건 말이 좀 덜 된다. 방정맞은 놈, 하고 속으로 노했으나,

"그러게, 고마우이."

하고 활활히 받았다. 왜냐면 나에게 문득 한 생각이 있어서이다.

이 친구는 고보 때부터도 기생집의 출입이 잦았던 청년이었다. 기생집에 대한 이력은 문맹동*인 나보다 훨씬 환할 것이 틀림없었다.

---

* 문맹(文盲)동 글을 모르는 사람. 문맹자. 까막눈이.

그럼 이 박 군을 사이에 두고 답장을 맡아 오는 것이 손쉽지 않을까?
이런 생각을 하고,

"박군! 요새두 기생집 잘 다니나?"

"건 왜 묻나?"

"아니, 글쎄 말이야."

"어쩌다 친구와 어울리면 갈 적도 있지."

"그래, 기생을 사랑하는 사람두 있나?"

"그게 또 무슨 소리야, 사랑을 먹구 살아가는 기생이 사랑이 없으면
어떻게 사나?"

"오라! 그럼 기생에게 연애 편지를 하는 사람두 있겠네그려."

"그야 더러 있지."

"그러면 답장 쓰기에 바쁘겠구먼?"

"답장이라니?" 하고 당치 않은 소리란 듯이 나를 쏘아보더니,

"기생이란 게 놀음차*를 걸고 요릿집으로 불러서 뚱땅거리면 흥이
나고, 다 이런 걸, 그까짓 답장은 왜 쓰나?"

하고 그래도 못 알아들을까 봐,

"기생이란 어디 그런 답장 쓰려고 나온 겐가?"

이렇게 또박이 깨치어 준다.

나는 가만히 생각해 보니까 딴은 그럴 것도 같다. 전일의 내가 가졌
던 생각과 조금도 다름없었다.

"요담 또 만나세."

나는 간단히 작별을 하고 거리로 나왔다.

아무리 생각해 보아도 이 편지는 영영 답장을 못 받고 마는 것이다.
안 쓰는 답장을 우격으로 쓰일 수는 없는 노릇이었다. 그리고 받아 보

***놀음차** 놀아 준 데 대한 대가로 기생이나 악공에게 주는 돈 또는 물건.

기조차 꺼리는 이 편지의 답장을 바라는 것은 좀 과한 욕망이겠다.

기생은 반드시 요릿집으로 불러서 만나 보는 수밖에 다른 도리가 없음을 알았다.

나는 이럴까저럴까 하며 머뭇거리다 한 계책을 품고 우리 집으로 뻥 올라갔다.

내 방으로 들어와 나는 주머니에 든 편지를 꺼내었다. 그리고 실례라는 생각을 하면서도 그 편지를 뜯어서 읽어 보았다.

나명주 선생께

날 사이 기체 안녕하시옵나이까. 누차 해답 없는 편지를 올리어 너무나 죄송하외다. 두루 용서하여 주시옵기 엎드려 바라나이다.

선생이시어,

저는 하나를 여쭈어 보노니 당신에게 기쁨이 있나이까. 그리고 기꺼웁게 명랑하게 웃을 수 있나이까. 만일 그렇다 하시면 체경*을 앞에 두고 한 번 커다랗게 웃어 보소서. 그 속에 비치는 얼굴은 명랑한 당신의 웃음과 결코 걸맞지 않는 참담한 인물이오리다. 그 모양이 얼마나 추악한, 악착한* 꼴이라 하겠나이까.

선생이시어,

그러나 당신은 천행히 웃으실 수 있을지 모르외다. 왜냐면 당신의 그 처참한 면상은 분이 덮였고 그리고 고운 비단은 궂은 그 고기를 가리었기 때문이외다. 귀중한 몸을 고기라 하여 실례됨이 많음을 노여워 마소서. 당신의 몸은 먹지 못하는 주체궂은 고깃덩어리외다. 그리고 저의 이 몸도 역시 먹지 못하는 궂은 고깃덩어리외다.

선생이시이,

＊ 체경(體鏡) 거울.
＊ 악착(齷齪)하다 도량이 좁고 악지스럽다. 무슨 일에 모질고 이악하다.

당신은 당신의 자신을 아시나이까. 그러면 당신은 극히 행복이외다. 저는 저를 모르는 등신이외다. 허전한 광야에서 길잃은 여객이외다.

선생이시어,

저에게 지금 단 하나의 원이 있다면 그것은 제가 어려서 잃어버린 그 어머님이 보고 싶사외다. 그리고 그 품에 안기어 저의 기운이 다할 때까지 한껏 울어 보고 싶사외다. 그러나 그는 이 땅에 이미 없노니 어찌 하오리까.

선생이시어,

당신은 슬픔을 아시나이까? 그렇다면 그 한쪽을 저에게 나누어 주소서. 그리고 거기 따르는 길을 지시하여 주소서.

여기에다 일부에 서명을 한 것이 즉 그 편지였다. 글은 비록 다르다 할지라도 요전번 내가 넣고 왔던 그 편지와 사연은 일반이었다.

이 글의 내용이 기생에게 통할까?

나는 이렇게 의심하였다. 그리고 여고에 다니는 나의 누이동생을 불러서 내가 부르는 대로 받아쓰라 하였다.

유명렬 선생 전 답상서

그 동안 기체 안녕하옵신지 궁금하오며 십여 삭을 연하여 주신 글월은 무한 감사하오나, 화류계에 떨어진 천한 몸이라 그 뜻 알 길 막연하와 이루 답장치 못하오니 이 가슴 답답 측량 없사오며, 하물며 전도 양양하옵신 선생의 몸으로 기생에게 이런 편지를 쓰심은 애통할 바 크다 하겠사오니 하루바삐 끊어 주시기 간절간절 바라옵고, 겸하여 내내 건강하옵심 바라오며 이만 그치나이다.

사월 그믐 나명주 상서

이런 답장에 필적이 여필이었다. 이만하면 그는 조금도 의심치는 않으리라. 물론 이 때 나는 이 편지의 결과까지 생각하기에는 우선 당장이 급하였다. 아무 거침없이 들고 가서 그를 즐겁게 하여 주었다. 이 답장이 그에게 얼마나 큰 기쁨을 주었던가, 우리는 그걸 상상치 못하리라. 그는 편지를 받아들고 곧 뜯어 보지 못할 만큼 그렇게 가슴이 설레었다. 방바닥에다 그걸 내려놓고는 한참 동안 눈을 감은 채 그 흥분을 진정시키었다. 그러고 난 다음에야 비로소 두 손으로 다시 집어들고 뜯어보았다.

그는 다 읽은 뒤 억압된 음성으로,

"고맙다." 하였다.

나는 양심에 찔리는 곳이 없었던 것도 아니었다. 하지만 그의 기쁨을 보는 것은 또한 나의 기쁨이라 아니할 수 없었고,

"별소릴 다한다. 고맙긴……."

하고 천연스레 받았다.

이렇게 하여 나는 일을 저지르기 시작하였다.

일 주일에 적어도 두 번씩은 나는 그의 편지를 읽지 않을 수 없었다. 그리고 싫어도 그 답장을 부득이 쓰지 않을 수 없게 되었다.

이것이 그에게 미치는 영향은 자못 큰 것이었다.

편지가 오고가고 하면 할수록 그는 더욱더 명주를 숭상하였다. 마지막에 이르러서는 연모의 정을 떠나 완전히 상대를 우상화하게까지 되었다. 말하자면 이것은 한 개의 여성이 아니라 그의 나아갈 길을 위하여 빚어진 한 개의 신앙이었다.

그리고 거기 따르는 비애는 그의 주위에 엉클어진 현실이었다.

그는 자기의 처지를 끝없이 저주하였다. 뿐만 아니라 그의 누님을 또한 끝없이 저주하였다.

누님은 그 때 돈놀이를 하고 있었다. 물론 한 십구 원밖에 안 되는 그

월급에 오 원, 십 원, 이렇게 떼어 빚을 놓는 것이다. 그것은 대개 공장 사람에게 월수로 주었다.

하니까 그 나머지로는 한 달 생활비가 되질 못하였다. 그 결과는 좁쌀을 팔아 들이고 물도 자기 손수 길어 들이고 하는 것이다. 그리고 때로는 고단한 몸을 무릅쓰고 바느질 품을 팔기에 밤도 새웠다. 따라서 가뜩이나 골병 든 몸이 날로 수척하였다.

이렇게 그는 억척스러운 여자였다. 그러나 놓았던 빚은 마음대로 잘 들어오질 않았다. 돈 낼 때가 되면 그들은 이핑계 저핑계 늘어놓으며 그대로 얼렁얼렁하고 마는 것이다. 심지어 어떤 사람은,

"내 다음부터 잘 낼게 돈 좀 더 주우, 다 게 있고 게 있는 거 어디 가 겠수?"

하고 그를 달랬다.

혹은,

"돈 좀 더 안 꾸어 주면 그전 것두 안 내겠수."

하고 제법 대드는 우락부락한 남자도 있었다.

공장 안에서는 빚놀이를 못 한다는 것이 공장의 규칙이었다. 그걸 드러내 놓고 싸울 형편도 못 되거니와 한편 변덕이 많은 그라 남의 꼬임에 잘 떨어지기도 하였다. 돈을 내라고 몇 번 불쾌히 굴다가도 어느 겨를에 그만 홀딱 넘어서, 못 받는 빚에다 덧돈까지 얹어서 보내고 하는 것이다.

그의 급한 성질에는, 나중에 받고 못 받고가 그리 문제가 아니었다. 우선 이 돈이 가서 늘고 불어서 큰 천 냥이 되려니, 하는 생각만 필요하였다. 이렇게 그는 앞뒤 염냥*이 없이 그저 허벙거렸다.

그도 그럴 것이, 그는 돈으로 말미암아 시집에서 학대를 당하였다.

*** 염냥** 사리를 분별하는 슬기(표준말은 염량).

그리고 밥으로 말미암아 친정에서 내어 쫓기었다. 또는 공장살이 몇 해에 얼마나 근고*를 닦았는가. 얼른 한 밑천 잡아서 편히 살고 싶은 생각이 간절하였다.

그의 입으로 가끔,

"어떤 사람은 이백 원을 가지고 빚놀이를 한 것이 이태*도 못 되어 삼천 원짜리 집을 샀다는데!"

이런 탄식이 나왔다.

그리고 밤에는 간혹가다 치마 속에 찬 큰 귀주머니를 꺼내었다. 거기에서 돈을 쏟아서 가장 애틋한 듯이 차근차근 세어 보았다. 그 동안 쓴 것과 받은 것을 따져 보아 한 푼도 축이 안 나면 그제서야 한숨을 휘 돌리고 자는 것이다. 그러자 하루는 그 돈이 없어졌다.

그가 공장을 파하고 나와서 저녁밥을 하고 있던 때였다. 그는 손수 나아가 고기를 사고 파를 사고 해서 가지고 들어왔다. 그리고 기쁜 낯으로 화로에 장을 앉히고 있었다. 물론 그 병이 한 차례 지난 뒤도 뒤려니와 그 날은 오랜만에 빚 놓았던 돈 오 원을 받은 까닭이었다.

그는 곧잘 밥을 푸다가 말고,

"여기 돈 누가 집어 갔니?"

하고 째지는 소리를 하였다. 갑자기 부엌 문틀 위에 놓여 있는 돈을 보고서이다. 십 전에서 고기 오 전, 파 일 전, 성냥 일 전, 이렇게 샀으니 반드시 삼 전이 있어야 할 터인데 이 전뿐이었다.

대뜸 선이를 불러서,

"너 여기 돈 일 전 어쨌니?" 하고 묻다가,

"전 몰라요." 하고 얼떨떨한 눈을 뜨니까,

"이년! 몰라요?"

＊근고(勤苦) 마음과 힘을 다하여 애쓰는 것. 또는 그러한 일.
＊이태 두 해.

그리고 때리기 시작하였다.

사실은 아까 비지 장수에게 일 전 준 것을 깜빡 잊었다. 그는 이렇게 정신이 없는 자기임을, 그것조차 잊기 잘하는 건망증이었다. 바른 대로 불라고 계집을 한참 치다가 그예 장작개비로 머리까지 터지게 하고 나서야 비로소 자기의 계산이 잘못됨을 알았다. 그는 터진 머리에 약을 발라 주며,

"너 이담부터 그런 손버르쟁이 허지 말아."
하고 멀쑤룩해진 자기의 낯을 그렁저렁 세웠다.

그러나 속으로는 부끄러운 양심이 없는 것도 아니었다. 이런 때 동생이 나와서 자기의 역성을 들어 몇 마디 하여 주었으면 좀 덜 미안할 게다. 그런데 자기의 밥을 먹으면서 언제든지 꿀먹은 벙어리로 있는 것이 곧 미웠다.

그는 동생에게는 밥을 주지 않았다. 둘의 밥만 마루로 퍼 가지고 와서 선이와 같이 정답게 먹었다. 그리고 문 닫힌 건넌방을 향하여,

"어디 굶어 좀 보지. 사람이 배가 쪼로록 소리를 해야 정신이 나는 거야!"
이렇게 또 시작되었다. 건넌방에선 물론 아무 대꾸도 없었다.

조금 사이를 두고 그는 다시,

"학교를 그렇게 잘 다녀서 고등 보통 학교까지 마치고 남의 밥만 얻어먹니?"
혹은,

"형이 먹일 걸 왜 내가 먹인담. 팔자가 드세니까 별꼴을 다 보겠네!"
하고 깐깐히 비웃적거린다*. 그렇다고 큰 음성으로 내대는 것은 아니었다. 부드러운, 그러나 앙칼진 가시를 품은 어조로,

---

*비웃적거리다 빈정거리는 태도로 자꾸 비웃다.

"그래도 덜 뜯어먹었니? 어서 내 뼈까지 긁어먹어라!" 하고,

"아들 낳는 자식은 개아들이야!"

하고 은근히 뜯는 것이다.

그는 동생을 결코 완력으로 들볶지 않았다. 그것보다는 은근히 빗대 놓고 비아냥거리어 불안스럽게 구는 것이 동생을 괴롭히기에 좀더 효과적인 까닭이었다.

완력을 쓰면 동생의 표정은 심심하였다. 그러나 이렇게 밸을 긁어 놓으면 그는 얼굴이 해쓱해지며 금세 대들듯이 두 주먹을 부르르 떨었다. 그러면서도 누님에게 감히 덤비지는 못하고 마는 것이다.

이 묘한 표정을 누님은 흡족히 향락하였다. 그러고 나서야 그는 분노, 불만, 비애, 이런 거친 심정을 가라앉히곤 하는 것이다.

이만큼 그는 뒤둥그러진* 성질을 가진 여자였다.

명렬 군은 여기에서 누님을 몹시 증오하였다. 누님이 그의 앞으로 그릇을 팽개치고 대들어, 옷가슴을 잡아뜯을 때에는 그 병으로 돌리고 그대로 용서하였다. 그리고 묵묵히 대문 밖으로 나가 버리고 마는 것이다. 마는, 이렇게 깐죽거리고 앉아서 차근차근 비위를 긁는 데는 그는 그 속에서 간악한 그리고 추악한, 한 개의 악마를 보는 것이다. 담박 등줄기에 소름이 쭈욱 끼치곤 하였다.

그러나 그렇다고 그가 그의 누님을 해치우고자 험한 결심을 먹은 것은 결코 아니었다. 만일 그가 단순히 누님을 미워만 하였던들 일은 간단히 끝났으리라. 저주를 하면서도 이렇게까지 끌고 왔음에는 여기에 따로이 한 이유가 있지 않으면 안 될 것이다.

동리에서는 누님을 뒤로 세워놓고,

"젊은 계집이 어째 행동이 저렇게 황황해*?"

---

* 뒤둥그러지다 뒤틀려서 우그러지다.
* 황황(遑遑)하다 갈팡질팡 어쩔 줄 모르게 급하다.

"환장한 기집이 아니오? 그러니까 그렇지!"

"아이, 미친년두 참 다 보네!"

이렇게들 손가락질을 하였다.

한 번 두레박 때문에 동리에 분란이 인 뒤로는 그를 꼭 미친 사람으로 믿었다. 그것도 그가 금방 물 한 통을 떠왔는데 그의 두레박이 간 곳이 없었다. 물통은 마당에 분명히 있는데 이게 웬일일까, 하고 의심하였다. 대문 밖에 있는 우물에 가 찾아보아도 역시 없는 것이다. 이건 정녕코 우물 옆에다 놓고 온 것을 물 뜨러 왔던 다른 여편네가 집어갔다고 생각하지 않을 수 없었다. 왜냐면 우물에는 주야로 사람이 끊이지 않았고 그리고 두레박 잃는 일이 빈번하였기 때문이다.

그는 잡은참 대문 밖으로 나와 우물께를 향하고,

"어떤 년이 남의 두레박을 집어갔어?" 하고 악을 쓰고는,

"이 동네는 도적년들만 사나? 남의 걸 집어가게."

이렇게 그만 실수를 하고 말았다. 그는 분하면 급한 바람에 되는 대로 내쏟는 사람이었다.

우물길에 모여섰던 아낙네들은 물론 대로하였다.

"아니, 여보! 그게 말 따위요?" 하고 꾸짖는 사람도 있고,

"누가 집어 갔단 말이오? 동네년들이라니!"

하고 대드는 사람도 있었다.

그리고 또는,

"이 동네는 도적년들만 있다? 너는 이년아, 이 동네년이 아니냐?"

하고 악장을 치고 달겨드는 사람도 있었다.

이렇게 하여 한나절 동안이나 아귀다툼이 오고가고 하였다. 그리고 동네는 떠나갈 듯이 소란하였다. 만일에 이 날 명렬 군이 나와서 공손히 사죄만 안 했더라면 봉변은 착실히 당할 뻔하였다. 나중에 알고 보니 그 두레박은 부엌에 놓인 물독 위에 깨끗이 얹혀 있었다.

그 후도 그는 여러 번 동네에 나와 발악하기를 사양치 않았다. 이럴 때마다 말 드문 동생은 방 속에서 "음! 음!" 하고 알지 못할 신음소리를 내었다. 그러나 이것만 보고 그 누님을 악한 여자라고 볼 수는 없을 것이다.

명렬 군이 한 번은 생각하기를, 누님의 간신간신 벌어들이는 밥만 먹고 있기가 미안하였다. 그리고 직업을 암만 열심히 덧보아도 마땅한 직업도 역시 없었다. 아무거나 한다고 찾아다니다 문득 한 생각을 먹고서,

"누님! 내 낼부터 신문을 좀 배달해 보리다. 같이 벌어들이면 지금보다는 좀 날 테니 아무 염려 마우."

하고 그 누님을 안심시켰다.

　하니까 누님은 펄쩍 뛰며,

　"얘, 별소리 마라. 신문 배달이 다 뭐냐? 네가 몸이나 튼튼하면 모르지만 그런 걸 허니?"

하고 말리었다.

　"왜 못하긴, 하루 한 번씩 뛰기만 하면 될 걸!"

　"그래도 넌 못해. 그것두 다 허는 사람이 있단다."

하고 좋지 않은 얼굴로,

　"그저 암말 말고 내가 주는 밥이나 먹고 몸 성히 있거라. 그럼 나에게는 벌어다 주는 것보다도 더 적선일 테니. 나중에야 어떻게 다 되는 수가 있겠지."

하고 도리어 동생을 위안하였다. 그리고 이것이 세 시간이 채 못 지나서 우연히 문틀에 머리를 딱 부딪고는,

　"아이쿠!" 하고,

　"내 왜 이 고생을 하나! 늘큰히* 자빠져 있는 저 병신을 먹이려고? 어서 뼈까지 긁어먹어라, 이놈아!"

하고 그 병이 또 시작되었다.

　그런데 명렬 군이 그 누님에게 악의를 잔뜩 품고 일본 대판으로 노동을 하러 가려 할 때 군이 붙들어 말린 것도 결국 그 누님이었다. 그는 말릴 뿐만 아니라 슬피 울었다.

　"내가 좀 심하게 했더니 그러니? 내 성미가 번히 망해서 그런 걸 옥생각*하면 어떡허니?"

하고 자기의 성미를 자기 맘대로 못 한다는 애소를 하고,

　"난 네가 없으면 허전해 못 산다. 좀 고생이 되더라도 나와 같이 있

＊ 늘큰하다　축 늘어지도록 너무 무르다.
＊ 옥생각　순하게 생각하지 않고, 옹졸하게 하는 생각.

자. 그럼 차차 내 살 도리를 해 줄 테니!"

이렇게 눈물을 씻어 가며 떠나려는 사람을 막았던 것이다.

이걸 본다면 명렬 군에게 용단성이 없구나, 하고 생각할는지 모른다. 그러나 그는 용단성 문제보다도 먼저 커다란 고민이 있었다. 떠나려고 뻗대다가 결국엔 저도 눈물로 주저앉고 만 것을 보더라도 알 것이다.

이러한 때면 그는 누님에게서 비로소 누님을 보는 듯도 싶었다. 그리고 은혜를 입은 그 누님에게 악의를 품었던 자신이 끝없이 부끄러웠다. 마음이 성치 못한 누님을 떼내 버리고 간다면 그의 뒤는 누가 돌보아 주겠는가. 어떠한 일이 있더라도 누님을 떨어져서는 안 되리라고 이렇게 다시 고치어 생각하였다. 말하자면 그는 누님에게 원수와 은혜를 아울러 품은 야릇한 동생이었다. 나는 참으로 이런 누님은 처음 보았다. 기껏 동생을 들볶다가는 어떻게 어떻게 맘이 내키면 금세 빙긋이 웃지 않는가. 그리고 부모 없이 자라 불쌍하다고 고기를 사다 해 먹이고, 국수를 들여다 비벼도 먹이고 하는 것이다. 그러나 그건 아무래도 좋다. 나는 거기에서 일어나는 그 결과만 말하여 가면 그만이다.

이슬비가 내리는 날, 그 누님이 나에게 물통 하나만 사다 주기를 청하였다. 집에도 물통이 있긴 하나 하 오래 쓴 것이라 밑바닥이 다 삭았다. 우물의 물을 길어 먹으려면 반드시 새 물통이 하나 필요하였다. 물론 자기가 가도 되겠지만 여자보다는 사내가 가야 흥정에 덜 속는다는 생각이었다. 나는 우산을 받고 행길로 나섰다. 하나 그 근방에는 암만 찾아도 철물전이 없었다. 종로에까지 내려와서야 비로소 물통 하나를 사들고 와서 그에게 거스름돈과 내어 주며,

"물통이 별루 좋은 게 없더군요!" 하니까,

"잘 사셨습니다. 튼튼하고 좋은데요."

하고 물통을 안팎으로 뒤져 보며 퍽 만족한 낯이었다.

그리고 그는 우중에 다녀온 나를 가엾다는 듯이 바라보더니,

"신이 모두 젖었으니 절 어떡허세요?" 하고 매우 고맙다 하다가,

"이 얼마 주셨어요?"

"사십오 전 주었습니다."

"참 싸군요! 우리가 가면 육십 전은 주어야 삽니다."

그는 큰 횡재나 한 듯이 아주 기뻐하였다. 그러나 물통을 이윽히 노려보다가 그 낯이 점점 변함은 이상하였다. 눈가에 주름이 모이고는 그 병이 시작될 때면 언제나 그런 거와 같이 입술에 게거품이 이는 것이다. 그는 물통을 땅에 그대로 탕 내려치더니,

"이년아!"

하고 마루 끝에 앉은 선이의 머리채를 잡는다. 선이는 점심을 먹고 앉았을 뿐으로 실상 아무 죄도 있을 턱 없었다. 몇 번 그 뺨을 치고 나서,

"이년아! 밥을 먹으면 좀 얌전히 앉아서 처먹어라. 기집애년이 그게 뭐냐?"

하고 얼토당토않은 흉계를 하는 것이다.

나는 그만 까닭없이 불안스러워서 얼굴이 화끈 달았다.

알고 보면 그 물통 옆 한 군데에 우그러든 곳이 있었다. 그것이 그의 마음에 썩 들지 않았었다. 물론 나에게 그런 말이라도 했으면 나도 그를 모르는 바 아니겠다고 얼른 바꿔다 주었으리라. 허나 그는 남에게 터놓고 자기의 불평을 분명히 말하려는 사람은 아니었다. 공연히 아이를 두드려서 은연중 나를 불안스럽게 만들어 놓는 것이 훨씬 더 상쾌하였다.

나는 이걸 말릴 작정도 아니요, 또는 그대로 서서 보기도 미안하였다. 주뼛주뼛하고 있다가 건넌방으로 피해 들어갈밖에 별도리가 없었다.

명렬 군은 아직도 성치 못한 몸으로 병석에 누워 있었다. 밖에서 나는 시끄러운 울음소리에 가뜩이나 우울한 그 얼굴이 잔뜩 찌푸러졌다.

그리고,

"음! 음!"

하고 신음인지 항거인지 분간을 모를 우렁찬 소리를 내는 것이다.

실토인즉, 그는 선이가 누님에게 매를 맞을 때마큼 괴로운 건 없었다. 선이는 날이 개나, 비가 오나, 언제나 매를 맞지 않을 수 없는 이유가 붙어 다녔다. 누님의 소리만 나면 그는 고양이를 만난 쥐같이 경풍*을 하였다. 이렇게 기를 못 펴서 열두 살밖에 안 된 계집애가 그야말로 얼굴에 노란꽃이 피게 되었다. 명렬 군은 일을 칠 듯이 자리에서 벌떡 일어나 앉았으나, 그러나 두 손으로 머리를 잡고는 그대로 묵묵하였다. 한참 동안 무엇을 생각하고 있는 듯싶었다. 이윽고 그는 자리 밑에서 그걸 꺼내 놓더니 낙망하는 낯으로,

"이게 웬일일까?"

"글쎄?" 하고 나는 깜짝 놀라며 얼떨떨하였다.

그것은 명주에게 갔다가 '수취 거절'이란 쪽지가 붙어 온 편지였다. 그 소인을 보면 어제 아침에 띄웠다가 오늘 되받은 것이 확실하였다. 그 동안 내가 며칠 안 왔었던 탓으로 이런 병꾀가 생겼음은 물론이었다. 그는 고개를 숙이고 있다가 다시 한 번,

"이게 웬일일까?" 하고 나를 쳐다보고는,

"답장까지 하던 사람이 안 받을 리는 없는데!"

"글쎄?"

나는 뭐라고 대답해야 옳을지 떨떠름하였다. 하릴없이 나도 그와 한 가지로 고개를 숙이고는 그대로 덤덤하였다. 그러자 언뜻 그 언제이던가 한 번 잡지에서 본 기생집 이야기를 생각하고,

"오!" 하고 비로소 깨달은 듯이 고개를 끄덕끄덕하였다.

"아마 이런가부다."

이렇게 나는 그의 앞으로 다가앉으며,

---

* **경풍(驚風)** 어린아이가 경련을 일으키는 병의 총칭.

"기생의 어머니란 건 너 아주 흉악한* 거다. 딸이 연애라두 해서 바람날까 봐 늘 지키고 있어요. 그러니까 그런 편지를 하겠니? 말하자면 그 어머니가 편지를 안 받고는 도로 보내고 보내고 하는 거야."

"응!" 하고 깨달은 듯싶기에,

"그러게 편지를 하려면 그 당사자에게 넌지시 전하는 수밖에 없다."
하고 그럴 듯하게 꾸며 대었다.

여기까지 말을 하니 그는 더 묻지 않았다. 그런대로 곧이듣고 우편으로 부친 편지를 후회하는 모양이었다. 이렇게 되니까 나도 그대로 안심되지 않을 수 없었다. 왜냐 하면 그는 나를 통하여 편지를 보내고 답장만 보면 그만이었다. 그 외에 아무것도 상대에게 더 바라지 않았다. 그가 명주를 찾아간다거나 할 염려는 추호도 없을 터이므로 나는 그런 대로만 믿었다. 이 날, 밤이 이슥하여 명렬 군이 나를 찾아왔다.

나는 생각지 않았던 손님이라 좀 떠름히 바라보았다. 마는, 하여튼 우선 방으로 맞아들여서,

"밤중에 웬일이냐?" 하고 궁금하지 않을 수 없었다.

그는 아무 대답도 없었다. 침착한, 그리고 무거운 낯을 하고 앉아서 궐련만 피우고 있었다. 그러나 겨우 입을 여는 것이,

"너 나 좀 오늘 재워 주련?"

"그리려무나."
하고 선뜻 받긴 하였으나 나는 그게 무슨 소린가 하였다. 입고 온 걸 보면 동저고리에 풀대님이다. 마는, 나는 아무것도 묻지 않고 제대로 두었다. 그는 자기의 가정사에 관한 일을 남이 물으면 낯을 찌푸리는 사람이었다.

---

* 흉악(凶惡)하다 악하다.

부록

작가와 작품 스터디

● 김유정 (1908~1937)

김유정은 강원도 춘천에서 2남 8녀 가운데 일곱째로 태어났다. 부모를 일찍 여의고 어려서부터 한학을 익혔다. 1923년 재동 공립 보통학교를 졸업했다. 같은 해 휘문 고등 보통학교에 입학, 훗날 소설가가 된 안회남과 만나 사귀었다.

1929년 휘문고등보통학교를 졸업하고, 명창 박녹주에 대한 짝사랑의 괴로움을 소설 습작으로 달랬다. 1931년에는 춘천 실레 마을에서 야학 운동을 벌였으며, 1932년에 야학당 '금병 의숙' 이 간이 학교로 인가받게 되었다.

이 해에 첫 작품 〈심청〉을 썼다. 1933년 폐결핵으로 진단을 받은 상태에서 3편의 단편을 썼고, 그 가운데 〈산골 나그네〉와 〈총각과 맹꽁이〉가 각각 〈제1선〉과 〈신여성〉에 발표되었다. 1934년에는 〈솥〉, 〈만무방〉을 썼고, 1935년에 〈소낙비〉가 〈조선 일보〉 신춘 문예에 당선작으로, 〈노다지〉가 〈조선 중앙 일보〉에 가작으로 뽑혔다. 그 후로 〈금 따는 콩밭〉, 〈봄봄〉, 〈따라지〉, 〈두꺼비〉, 〈동백꽃〉, 〈땡볕〉 등의 작품을 연이어 발표하였다.

그는 농촌의 현실과 농민의 궁핍한 삶을 보여 주는, 역동성과 현장성이 넘치는 작품을 주로 썼으며 토속어와 비속어, 풍부한 비유와 어휘 등을 사용하여 독특한 문체를 다루었다.

작품 활동을 하는 내내 병마에 시달리던 김유정은 1937년 3월 29일 세상을 떠났다. 그의 행복과 등진 열정은 문학의 길을 선택하게 했다. 살아서 가난과 질병으로 불행했던 그는 문학에 대한 열정으로 말미암아, 죽어서 축복받는 작가가 되었다. 그것은 그가 자신에게 주어진 불행의 요인들을 문학적 축복으로 전환 · 극복할 수 있었기에 얻은 영광이었다.

● **동백꽃**   '나' 는 소작인의 아들이고 점순이는 마름의 딸이다. 점순은 '나' 에게 접근하나 '나' 의 반응이 신통치 않자 심통을 부린다. 닭싸움을 시켜 '우리 집' 닭을 피투성이로 만들어 놓자, '나' 는 점순이네 수탉을 때려 죽인다. 작가는 엉뚱한 방법으로 접근하는 점순이를 통하여 '풋풋한 사랑' 을 그려 내고 있다.

● **산골 나그네**   어느 날 밤, 한 아낙네가 찾아온다. 하룻밤만 지내고 가게 해 달라는 부탁으로 들어온 아낙네는 며칠을 머물게 되고, 마침 장가를 들지 못하고 있던 아들을 둔 홀어머니는 그 아낙네와 짝을 지어 준다. 그러나 그 아낙네는 몇 밤을 지내고, 신랑의 옷을 가지고 병든 자기 남편에게로 돌아간다. 작가는 1930년대의 가난한 농촌에서 빚어지는 일들을 통하여 최하층민의 끈질긴 생명력을 잘 그려 내고 있다.

●**노다지**   꽁보는 감(광석)을 찾아다니는 사람이다. 어느 날 다섯 사람이 감을 두 포대나 따 올려 그것을 나누는 과정에서 싸움이 벌어진다. 그 싸움 끝에 위기에 놓인 꽁보를 힘이 센 더펄이가 구해 준다. 그 후부터 꽁보는 그를 형이라 부르고 둘이 감을 찾으러 다니는데…… . 하루는 감을 따러 둘이 구덩이에 들어갔다가 더펄이가 돌더미에 깔리게 된다. 꽁보는 노다지 세 쪽만 챙기고 구덩이에서 혼자 허둥지둥 나온다. 살려 달라고 애원하는 더펄이를 뒤로 두고…… . 작가는 이 작품에서 우정과 배신의 양면성에서 빚어지는 사람의 얄팍한 마음을 그려 내고 있다.

●**총각과 맹꽁이**   한 마을에 들병이가 왔다. 총각들은 침을 흘리고…… . 특히 홀어머니와 사는 떠꺼머리총각 덕만이는, '성님' 이라 부르는 뭉태에게 부탁하여 장가를 들려 한다. 그러나 뭉태는 그 들병이를 제가 희롱하고 만다. 작가는 좀 모자란 듯한 덕만이를 통하여 욕정 앞에 각박함을 그려 내고 있다.

논술 가이드

〈동백꽃〉의 두 대목입니다. 제시문을 읽고 다음 문제에 답하시오.

[문항 1]

> 가까이 와 보니 과연 나의 짐작대로 우리 수탉이 피를 흘리고 거의 빈사지경에 이르렀다. 닭도 닭이려니와 그러함에도 불구하고 눈 하나 깜짝없이 고대로 앉아서 호드기만 부는 그 꼴에 더욱 치가 떨린다. 동네에서도 소문이 났거니와 나도 한때는 걱실걱실히 일 잘하고 얼굴 예쁜 계집애인 줄 알았더니 시방 보니까 눈깔이 꼭 여우새끼 같다.

> "닭 죽은 건 염려 마라. 내 안 이를 테니."
> 그리고 뭣에 떠다밀렸는지 나의 어깨를 짚은 채 그대로 퍽 쓰러진다. 그 바람에 나의 몸뚱이도 겹쳐서 쓰러지며 한창 피어 퍼드러진 노란 동백꽃 속으로 푹 파묻혀 버렸다.

(1) 위 글에서, 앞의 것은 점순이가, '나'의 약을 올리기 위하여 닭싸움을 시켜 놓은 대목이고, 뒤의 것은 둘이 화해하여 동백꽃 속으로 뒹구는 대목입니다. 이에서, 점순이는 왜 그런 행동을 했는지 점순이의 마음을 설명하시오.

----

(2) 여기서, '나'는 점순이가 접근하면 멈칫거리기만 합니다. 왜 그랬는지 '나'의 마음을 설명하시오.

〈산골 나그네〉의 한 대목입니다. 제시문을 읽고 다음 문제에 답하시오.
[문항 2]

> 윗간에서 혼자 새우잠을 자고 있던 홀어미는 놀라 눈이 번쩍 띄었다. 만뢰 잠잠한 밤중이다.
> "어머니! 그거 달아났세유. 내 옷두 없고……"
> "응?" 하고 반마디 소리를 치며 얼떨김에 그는 캄캄한 방 안을 더듬어 아랫간으로 넘어섰다. 황망히 등잔에 불을 당기며
> "그래 어디로 갔단 말이냐?"
> 영산이 나서 묻는다. 아들은 벌거벗은 채로 이불로 앞을 가리고 앉아서 징징거린다. 옆자리에는 빈 베개뿐, 사람은 간 곳이 없다.

(1) 위 글은, 신랑과 같이 자고 있던 아낙네가, 신랑의 옷을 가지고 도망간 대목입니다. 아낙네가 왜 그렇게 했는지 설명하시오. 그리고 아낙네의 행위는 바람직한 것인지 설명하시오.

----

(2) 여기서, 하룻밤 지내겠다고 들어온 아낙네를 너무 쉽게 믿어 버리고, 아들과 짝지어 준 어머니가 경솔하였다는 생각을 할 수 있습니다. 아낙네의 행위와 어머니의 행위를 비교하여 설명하시오.

〈노다지〉의 두 대목입니다. 제시문을 읽고 다음 문제에 답하시오.

[문항 3]

> "글쎄?" 하고 꽁보는 그 말을 젖히다가 언뜻 이런 생각을 하였다. 제 누이를 주면 어떨까. 지금 그 누이가 충주 근방 어느 농군에게 출가하여 자식을 둘씩이나 낳았다마는 매우 반반한 얼굴을 가졌다. 이걸 준다면 형은 무척 반기겠고, 또한 목숨을 구해 준 그 은혜에 대하여 손씻어도 되리라.

> 형은 몸은 못 쓰고 죽어 가는 목소리로 애원한다. 그리고 또,
> "아우, 나 죽네, 응?" 하고 거듭 애를 끊으며 빌붙는다.
> 고개만 겨우 들었을 따름 그 외에는 손조차 자유를 잃은 모양 같다.
> 아우는 무너지려는 동발을 쳐다보며 얼른 그 머리맡으로 다가선다. 발 앞에 놓인 노다지 세 쪽을 날쌔게 손에 잡자 도로 얼른 물러섰다. 그리고 눈물이 흐른 형의 얼굴은 돌아도 안 보고 그 발로 허둥지둥 장벽을 기어오른다.

(1) 위 글에서, 앞의 것은 꽁보가 자기의 목숨을 구해 준 더펄이에게 시집간 누이를 주어 은혜를 갚고자 한 생각이고, 뒤의 것은 꽁보가 돌더미에 깔린 더펄이를 놔 두고 구덩이에서 허둥지둥 나오는 대목입니다. 꽁보의 마음이 변하는 과정을 설명하시오.

----

(2) 사람이 갖고 있는 마음에서, 우정과 배신은 어떻게 뒤바뀔 수 있는지 설명하시오. 그리고 어떤 삶이 바람직한 것인지 설명하시오.

〈총각과 맹꽁이〉의 한 대목입니다. 제시문을 읽고 다음 문제에 답하시오.
[문항 4]

> 그는 무거운 숨을 돌렸다. 닭을 옆에 감추고 나는 듯 뛰어나왔다. 그리고 뭉태 집으로 내달으며 그의 머리에 공상이 한두 가지가 아니었다. 뭉태가 예쁘달 때엔 어지간히 출중난 계집일 게다. 이런 걸 데리고 술장사를 한다면 그밖에 더 큰 수는 없다. 뒤 해만 잘 하면 소 한 마리쯤은 낙자없이 떨어진다. 그리고 아들도 곧 낳아야 할 텐데 이게 무엇보다 큰 걱정이었다.
>
> 뭉태는 얼근하였다. 들병이를 혼자 껴안고 물리도록 시달린다.
>
> 두터운 입술을 이그리며,
>
> "요것아, 소리 좀 해라, 아리랑 아리랑."

(1) 이 글은, 떠꺼머리총각 덕만이가 마을에 들어온 들병이에게 장가들 생각에, 집에서 닭을 훔쳐 뭉태 집으로 달려가는 대목입니다. 덕만이가 '이런 걸 데리고 술장사를 한다면……' 하고 생각한 것은 너무 넘어선 것이 아닐까요? 이에 대해서 설명하시오.

----

(2) 또, '아들도 곧 낳아야 할 텐데……' 하고 생각한 것에서 끈질긴 생명력을 엿볼 수 있습니다. 이에 대해서 설명하시오.

〈베스트 논술 한국대표문학〉 (전60권) 목록

권별	작품	작가
1	무정 I	이광수
2	무정 II	이광수
3	무명 · 꿈 · 옥수수 · 할멈	이광수
4	감자 · 시골 황 서방 · 광화사 · 붉은 산 · 김연실전 외	김동인
5	발가락이 닮았다 · 왕부의 낙조 · 전제자 · 명문 외	김동인
6	배따라기 · 약한 자의 슬픔 · 광염 소나타 외	김동인
7	B사감과 러브레터 · 서투른 도적 · 술 권하는 사회 · 빈처 외	현진건
8	운수 좋은 날 · 까막잡기 · 연애의 청산 · 정조와 약가 외	현진건
9	벙어리 삼룡이 · 뽕 · 젊은이의 시절 · 행랑 자식 외	나도향
10	물레방아 · 꿈 · 계집 하인 · 별을 안거든 우지나 말 걸 외	나도향
11	상록수 I	심훈
12	상록수 II	심훈
13	탈출 · 황공의 최후 / 적빈 · 꺼래이 · 혼명에서 외	심훈 / 백신애
14	태평 천하	채만식
15	레디메이드 인생 · 순공 있는 일요일 · 쑥국새 외	채만식
16	명일 · 미스터 방 · 민족의 죄인 · 병이 낫거든 외	채만식
17	동백꽃 · 산골 나그네 · 노다지 · 총각과 맹꽁이 외	김유정
18	금 따는 콩밭 · 봄봄 · 따라지 · 소낙비 · 만무방 외	김유정
19	백치 아다다 · 마부 · 병풍에 그린 닭이 · 신기루 외	계용묵
20	표본실의 청개구리 · 두 파산 · 이사 외 / 모범 경작생	염상섭 / 박영준
21	탈출기 · 홍염 · 고국 · 그믐밤 · 폭군 · 박돌의 죽음 외	최서해
22	메밀꽃 필 무렵 · 낙엽기 · 돈 · 석류 · 들 · 수탉 외	이효석
23	분녀 · 개살구 · 산 · 오리온과 능금 · 가을과 산양 외	이효석
24	무녀도 · 역마 · 까치 소리 · 화랑의 후예 · 등신불 외	김동리
25	하수도 공사 / 지맥 / 그 날의 햇빛은 · 갈가마귀 그 소리	박화성 / 최정희 / 손소희
26	지하촌 · 소금 · 원고료 이백 원 외 / 경희	강경애 / 나혜석
27	제3인간형 / 제일과 제일장 외 / 사랑 손님과 어머니 외	안수길 / 이무영 / 주요섭
28	날개 · 오감도 · 지주 회시 · 환시기 · 실화 · 권태 외	이상
29	봉별기 · 종생기 · 조춘점묘 · 지도의 암실 · 추등잡필	이상
30	화수분 외 / 김 강사와 T교수 · 창랑 정기 / 성황당	전영택 / 유진오 / 정비석

권별	작품	작가
31	민촌 / 해방 전후 · 달밤 외 / 과도기 · 강아지	이기영 / 이태준 / 한설야
32	소설가 구보씨의 일일 / 장삼이사 · 비오는 길 /	박태원 / 최명익
	석공 조합 대표 / 낙동강 · 농촌 사람들 · 저기압	송영 / 조명희
33	모래톱 이야기 · 사하촌 외 / 갯마을 / 혈맥 / 전황당인보기	김정한 / 오영수 / 김영수 / 정한숙
34	바비도 외 / 요한 시집 / 젊은 느티나무 외 / 실비명 외	김성한 / 장용학 / 강신재 / 김이석
35	잉여 인간 / 불꽃 / 꺼삐딴 리 · 사수 / 연기된 재판	손창섭 / 선우휘 / 전광용 / 유주현
36	탈향 외 / 수난 이대 외 / 유예 / 오발탄 외 / 4월의 끝	이호철/ 하근찬/ 오상원/ 이범선/ 한수산
37	총독의 소리 / 유형의 땅 / 세례 요한의 돌	최인훈 / 조정래 / 정을병
38	어둠의 혼 / 개미귀신 / 무진 기행 · 서울 1964년 겨울 외	김원일 / 이외수 / 김승옥
39	뫼비우스의 띠 / 악령 / 식구	조세희 / 김주영 / 박범신
	관촌 수필 / 기억 속의 들꽃 / 젊은 날의 초상	이문구 / 윤흥길 / 이문열
40	김소월 시집	김소월
41	윤동주 시집	윤동주
42	한용운 시집	한용운
43	한국 고전 시가와 수필	유리왕 외
44	한국 대표 수필선	김진섭 외
45	한국 대표 시조선	이규보 외
46	한국 대표 시선	최남선 외
47	혈의 누 · 모란봉	이인직
48	귀의 성	이인직
49	금수 회의록 · 공진회 / 추월색	안국선 / 최찬식
50	자유종 · 구마검 / 애국부인전 / 꿈하늘	이해조 / 장지연 / 신채호
51	삼국유사	일연
52	금오신화 · 홍길동전 / 임진록	김시습 / 허균 / 작자 미상
53	인현왕후전 / 계축일기	작자 미상
54	난중일기	이순신
55	흥부전 / 장화홍련전 / 토끼전 / 배비장전	작자 미상
56	춘향전 / 심청전 / 박씨전	작자 미상
57	구운몽 · 사씨 남정기	김만중
58	한중록	혜경궁 홍씨
59	열하일기	박지원
60	목민심서	정약용

〈베스트 논술 한국대표문학〉에 실린 소설과 교과서 대조표

* 〈베스트 논술 한국대표문학〉에 실린 소설과 현행 국어·문학 18종 교과서의 수록 내용을 비교·분석하였다.

● 초등 학교 교과서(국어)

> 금오신화, 구운몽, 심청전,
> 흥부전, 토끼전, 박씨전,
> 장화홍련전, 홍길동전

● 국정 교과서

작품	작가	교과목
고향	현진건	고등 학교 문법
동백꽃	김유정	중학교 국어 2-1, 중학교 국어 3-1
벙어리 삼룡이	나도향	중학교 국어 1-1
봄봄	김유정	고등 학교 국어(상)
사랑 손님과 어머니	주요섭	중학교 국어 2-1
오발탄	이범선	중학교 국어 3-1
운수 좋은 날	현진건	중학교 국어 3-1

● 고등 학교 문학 교과서

작품	작품	출판사
감자	김동인	교학, 지학, 디딤돌, 상문
갯마을	오영수	문원, 형설
고향	현진건	두산, 지학, 청문, 중앙, 교학, 문원, 민중, 블랙, 디딤돌
관촌 수필	이문구	지학, 문원, 블랙
광염 소나타	김동인	천재, 태성

금 따는 콩밭	김유정	중앙
금수회의록	안국선	지학, 문원, 블랙, 교학, 대한, 태성, 청문, 디딤돌
김 강사와 T교수	유진오	중앙
까마귀	이태준	민중
꺼삐딴 리	전광용	지학, 중앙, 두산, 블랙, 디딤돌, 천재, 케이스
날개	이상	문원, 교학, 중앙, 민중, 천재, 형설, 청문, 태성, 케이스
논 이야기	채만식	두산, 상문, 중앙, 교학
닳아지는 살들	이호철	천재, 청문
동백꽃	김유정	금성, 두산, 블랙, 교학, 상문, 중앙, 지학, 태성, 형설, 디딤돌, 케이스
두 파산	염상섭	문원, 상문, 천재, 교학
등신불	김동리	중앙, 두산
만무방	김유정	민중, 천재, 두산
메밀꽃 필 무렵	이효석	금성, 상문, 중앙, 교학, 문원, 민중, 블랙, 디딤돌, 지학, 청문, 천재, 케이스
모래톱 이야기	김정한	디딤돌, 교학, 문원
모범경작생	박영준	중앙
뫼비우스의 띠	조세희	두산, 블랙
무녀도	김동리	천재, 지학, 청문, 금성, 문원, 민중, 케이스

작품	작가	출판사
무정	이광수	디딤돌, 금성, 두산, 교학, 한교
무진기행	김승옥	두산, 천재, 태성, 교학, 문원, 민중, 케이스
바비도	김성한	민중, 상문
배따라기	김동인	상문, 형설, 중앙
벙어리 삼룡이	나도향	민중
복덕방	이태준	블랙, 교학
봄봄	김유정	디딤돌, 문원
붉은 산	김동인	중앙
B사감과 러브레터	현진건	교학
사랑 손님과 어머니	주요섭	중앙, 디딤돌, 민중, 상문
사수	전광용	두산
사하촌	김정한	중앙, 문원, 민중
산	이효석	문원, 형설
서울, 1964년 겨울	김승옥	문원, 블랙, 천재, 교학, 지학, 중앙
성황당	정비석	형설
소설가 구보씨의 일일	박태원	중앙, 천재, 교학, 대한, 형설, 문원, 민중
수난 이대	하근찬	교학, 지학, 중앙, 문원, 민중, 디딤돌, 케이스
애국부인전	장지연	지학, 한교
어둠의 혼	김원일	천재
역마	김동리	교학, 두산, 천재, 태성, 형설, 상문, 디딤돌

역사	김승옥	중앙
오발탄	이범선	교학, 중앙, 금성, 두산
요한 시집	장용학	교학
운수 좋은 날	현진건	금성, 문원, 천재, 지학, 민중, 두산, 디딤돌, 케이스
유예	오상원	블랙, 천재, 중앙, 교학, 디딤돌, 민중
자유종	이해조	지학, 한교
장삼이사	최명익	천재
전황당인보기	정한숙	중앙
젊은 날의 초상	이문열	지학
젊은 느티나무	강신재	블랙, 중앙, 문원, 상문
제일과 제일장	이무영	중앙
치숙	채만식	문원, 청문, 중앙, 민중, 상문, 케이스
탈출기	최서해	형설, 두산, 민중
탈향	이호철	케이스
태평 천하	채만식	지학, 금성, 블랙, 교학, 형설, 태성, 디딤돌
표본실의 청개구리	염상섭	금성
학마을 사람들	이범선	민중
할머니의 죽음	현진건	중앙
해방 전후	이태준	천재
혈의 누	이인직	천재, 금성, 민중, 교학, 태성, 청문
홍염	최서해	상문, 지학, 금성, 두산, 케이스
화수분	전영택	태성, 중앙, 디딤돌, 블랙

〈베스트 논술 한국대표문학〉에 실린 시와 교과서 대조표

* 〈베스트 논술 한국대표문학〉에 실린 시와 현행 국어·문학 18종 교과서의 수록 내용을 비교·분석하였다.

작품	작가	출판사
가는 길	김소월	지학, 블랙, 민중
가을의 기도	김현승	블랙
겨울 바다	김남조	지학
고향	백석	형설
국경의 밤	김동환	지학, 천재, 금성, 블랙, 태성
국화 옆에서	서정주	민중
귀천	천상병	지학, 디딤돌
귀촉도	서정주	지학
그 날이 오면	심훈	지학, 블랙, 교학, 중앙
그대들 돌아오시니	정지용	두산
그 먼 나라를 알으십니까	신석정	교학, 대한
껍데기는 가라	신동엽	지학, 천재, 금성, 블랙, 교학, 한교, 상문, 형설, 청문
꽃	김춘수	금성, 문원, 교학, 중앙, 형설
끝없는 강물이 흐르네	김영랑	디딤, 교학
나그네	박목월	천재, 블랙, 중앙, 한교
나룻배와 행인	한용운	문원, 블랙, 대한, 형설
남신의주 유동 박시봉방	백석	지학, 두산, 상문

작품	작가	출판사
남으로 창을 내겠소	김상용	지학, 한교, 상문
내 마음은	김동명	중앙, 상문
내 마음을 아실 이	김영랑	한교
농무	신경림	지학, 디딤, 금성, 블랙, 교학, 형설, 청문
누가 하늘을 보았다 하는가	신동엽	두산
눈길	고은	문원
님의 침묵	한용운	지학, 천재, 두산, 교학, 민중, 한교, 태성, 디딤돌
떠나가는 배	박용철	지학, 한교
머슴 대길이	고은	디딤돌, 천재
먼 후일	김소월	청문
모란이 피기까지는	김영랑	지학, 천재, 금성, 형설
목계 장터	신경림	문원, 한교, 청문
목마와 숙녀	박인환	민중
바다와 나비	김기림	금성, 블랙, 한교, 대한, 형설
바위	유치환	금성, 문원, 중앙, 한교
별 헤는 밤	윤동주	문원, 민중
봄은 간다	김억	한교, 교학
봄은 고양이로다	이장희	블랙

작품	작가	출판사
불놀이	주요한	금성, 형설
빼앗긴 들에도 봄은 오는가	이상화	지학, 천재, 문원, 블랙, 디딤돌, 중앙
산 너머 남촌에는	김동환	천재, 블랙, 민중
산유화	김소월	두산, 민중
살아 있는 것이 있다면	박인환	대한, 교학
살아 있는 날은	이해인	교학
생명의 서	유치환	한교, 대한
샤갈의 마을에 내리는 눈	김춘수	지학, 블랙, 태성
서시	윤동주	디딤돌, 민중
설일	김남조	교학
성묘	고은	교학
성북동 비둘기	김광섭	지학
쉽게 씌어진 시	윤동주	지학, 디딤돌, 중앙
승무	조지훈	지학, 디딤돌, 금성
알 수 없어요	한용운	중앙, 대한
어서 너는 오너라	박두진	디딤돌, 금성, 한교, 교학
오감도	이상	디딤돌, 대한
와사등	김광균	민중
우리가 물이 되어	강은교	지학, 문원, 교학, 형설, 청문, 디딤돌
우리 오빠의 회로	임화	디딤돌, 대한
울음이 타는 가을 강	박재삼	지학, 교학
자수	허영자	교학

작품	작가	출판사
자화상	노천명	민중
절정	이육사	지학, 천재, 금성, 두산, 문원, 블랙, 교학, 태성, 청문, 디딤돌
접동새	김소월	교학, 한교
조그만 사랑 노래	황동규	문원, 중앙
즐거운 편지	황동규	지학, 형설, 청문
진달래꽃	김소월	천재, 태성
청노루	박목월	지학, 문원, 상문
초토의 시 8	구상	지학, 천재, 두산, 상문, 태성
초혼	김소월	디딤돌, 금성, 문원
타는 목마름으로	김지하	디딤돌, 금성, 문원, 민중
풀	김수영	지학, 금성, 민중, 한교, 태성
프란츠 카프카	오규원	천재, 태성
피아노	전봉건	태성
해	박두진	두산, 블랙, 민중, 형설
해에게서 소년에게	최남선	지학, 천재, 금성, 두산, 문원, 민중, 한교, 대한, 형설, 태성, 청문, 디딤돌
향수	정지용	지학, 문원, 블랙, 교학, 한교, 상문, 청문, 디딤돌

〈베스트 논술 한국대표문학〉에 실린 시조와 교과서 대조표

* 〈베스트 논술 한국대표문학〉에 실린 시조와 현행 국어 · 문학 18종 교과서의 수록 내용을 비교 · 분석하였다.

작품	작가	출판사
가노라 삼각산아	김상헌	교학, 형설
가마귀 눈비 맞아	백팽년	교학
가마귀 싸우는 골에	정몽주 어머니	교학
강호 사시가	맹사성	디딤돌, 두산, 교학
고산구곡	이이	한교
공명을 즐겨 마라	김삼현	지학
구름이 무심탄 말이	이존오	천재
국화야 너난 어이	이정보	블랙
녹초 청강상에	서익	지학
농암가	이현보	민중
뉘라서 가마귀를	박효관	교학
님 그린 상사몽이	박효관	천재
대추볼 붉은 골에	황희	중앙
도산 십이곡	이황	디딤돌, 블랙, 민중, 형설, 태성
동짓달 기나긴 밤을	황진이	지학, 천재, 금성, 두산, 문원, 교학, 상문, 대한
마음이 어린후니	서경덕	지학, 금성, 블랙, 한교
말없는 청산이요	성혼	지학, 천재
방안에 혔는 촛불	이개	천재, 금성, 교학
백구야 말 물어보자	김천택	지학
백설이 자자진 골에	이색	지학
삭풍은 나무끝에	김종서	중앙, 형설
산촌에 눈이 오니	신흠	지학

작품	작가	출판사
삼동에 베옷 닙고	조식	지학, 형설
산인교 나린 물이	정도전	천재
수양산 바라보며	성삼문	천재, 교학
십년을 경영하여	송순	지학, 금성, 블랙, 중앙, 한교, 상문, 대한, 형설
어리고 성긴 매화	안민영	형설
어부사시사	윤선도	금성, 문원, 민중, 상문, 대한, 형설, 청문
오리의 짧은 다리	김구	청문
오백년 도읍지를	길재	블랙, 청문
오우가	윤선도	형설
이몸이 죽어가서	성삼문	지학, 두산, 민중, 대한, 형설
이시렴 부디 갈다	성종	지학
이화에 월백하고	이조년	디딤돌, 천재, 두산
이화우 흣뿌릴 제	계랑	한교
재너머 성권농 집에	정철	천재, 형설
천만리 머나먼 길에	왕방연	문원, 블랙
청산리 벽계수야	황진이	지학
추강에 밤이 드니	월산대군	천재, 금성, 민중
춘산에 눈녹인 바람	우탁	디딤돌
풍상이 섞어 친 날에	송순	지학, 청문
한손에 막대 잡고	우탁	금성
훈민가	정철	지학, 금성
흥망이 유수하니	원천석	천재, 중앙, 한교, 디딤돌, 대한

〈베스트 논술 한국대표문학〉에 실린 수필과 교과서 대조표

* 〈베스트 논술 한국대표문학〉에 실린 수필과 현행 국어 · 문학 18종 교과서의 수록 내용을 비교 · 분석하였다.

작품	작가	출판사
가난한 날의 행복	김소운	천재
가람 일기	이병기	지학
구두	계용묵	디딤돌, 문원, 상문, 대한
그믐달	나도향	블랙, 태성
꼴찌에게 보내는 갈채	박완서	태성
나무	이양하	상문
나무의 위의	이양하	문원, 태성
낭객의 신년 만필	신채호	두산, 블랙, 한교
딸깍발이	이희승	지학, 디딤돌, 청문
멋없는 세상 멋있는 사람	김태길	중앙
무궁화	이양하	디딤돌
백설부	김진섭	지학, 천재, 형설, 태성, 청문
생활인의 철학	김진섭	지학, 태성
수필	피천득	지학, 천재, 한교, 태성, 청문
수학이 모르는 지혜	김형석	청문
슬픔에 관하여	유달영	문원, 중앙
웃음설	양주동	교학, 태성
은전 한 닢	피천득	금성, 대한
이야기	피천득	지학, 청문
인생의 묘미	김소운	지학
지조론	조지훈	블랙, 한교
청춘 예찬	민태원	금성, 블랙
특급품	김소운	교학
폭포와 분수	이어령	지학, 블랙
피딴 문답	김소운	디딤돌, 금성, 한교
행복의 메타포	안병욱	교학
헐려 짓는 광화문	설의식	두산

베스트 논술 한국 대표문학 ⑰

동백꽃 외

지은이 김유정
펴낸이 류성관
펴낸곳 SR&B(새로본닷컴)
주 소 서울특별시 마포구 망원동 463-2번지
전 화 02)333-5413
팩 스 02)333-5418
등 록 제10-2307호
인 쇄 만리 인쇄사